24 LEÇONS POUR *Warren Buffett* GAGNER EN BOURSE

James Pardoe

24 LEÇONS POUR *Warren Buffett* GAGNER EN BOURSE

MAXIMA

Warren Buffett, Président de sa propre société de portefeuille Berkshire Hathaway, est l'investisseur boursier qui a le mieux réussi au monde. Grâce à sa rigueur et à la justesse de ses placements, il est devenu la troisième fortune mondiale.

James Pardoe est avocat et fait partie depuis de très nombreuses années du cercle restreint des familiers de Warren Buffett dont il s'est particulièrement intéressé à « décoder » les stratégies d'investissement.

Mise en pages : SIR

NOUS NOUS ENGAGEONS EN FAVEUR DE L'ENVIRONNEMENT :

PAPIER CERTIFIÉ

Nos livres sont imprimés sur des papiers certifiés pour réduire notre impact sur l'environnement.

Le format de nos ouvrages est pensé afin d'optimiser l'utilisation du papier.

Depuis plus de 30 ans, nous imprimons 70 % de nos livres en France et 25 % en Europe et nous mettons tout en œuvre pour augmenter cet engagement auprès des imprimeurs français.

Nous limitons l'utilisation du plastique sur nos ouvrages (film sur les couvertures et les livres).

Titre original : *How Buffett Does It, 24 simple Investing Stra-tegies from The World's Greatest Value Investor.* Traduit de l'anglais (américain) par Anna-Clercq-Roques

Maxima est une marque de Dunod Éditeur
11 rue Paul Bert, 92240 Malakoff
www.dunod.com
ISBN : 978-2-8188-1208-2

Sommaire

Préambule
À la manière de Warren Buffett

Pour la plupart d'entre nous, le marché boursier demeure un mystère. Étant donné l'abondance du choix – il existe plusieurs milliers de valeurs cotées – comment faire pour gagner de l'argent en investissant en Bourse? Quels titres acquérir? Quels conseils suivre? Quelles stratégies adopter?

Nous sommes nombreux à avoir souffert des aléas du marché, et nous éprouvons une certaine défiance lorsqu'il s'agit de placer en Bourse notre argent chèrement gagné. Beaucoup d'entre nous l'ont appris à leurs dépens: qu'il se soit agi d'un tuyau «en or» confié par un ami, des conseils d'un courtier ou de l'effritement d'une valeur technologique, la leçon est toujours la même: les astuces pour s'enrichir «à vitesse grand V» ne sont que des recettes pour s'appauvrir encore plus rapidement.

Si vous êtes un investisseur échaudé – que ce soit à cause des courtiers, d'un krach soudain, d'un accès de faiblesse des OPCVM, d'une pratique hasardeuse du «day trading»[1], des aléas du «market timing»[2], des actions cotées en centimes d'euro, des opérations à terme, des entreprises de haute technologie ou des valeurs de forte croissance – le temps est venu pour vous d'étudier la philosophie et l'approche de l'investissement incarnées par Warren Buffett.

1 Achat vente de titres au cours d'une même journée.

2 Détermination du moment propice pour un placement en Bourse.

Étudier Warren Buffett vous dotera d'une méthode qui a fait ses preuves pour *s'enrichir lentement* grâce aux placements en Bourse. Buffett a su « transformer le gland en chêne » moyennant des pratiques d'investissement intelligentes. Vous aussi, vous pouvez devenir un investisseur intelligent et gagner en Bourse sur le long terme, à condition de suivre ses concepts fondamentaux et d'adopter sa discipline, sa patience et son tempérament.

Warren Buffett n'a pas hérité un centime de ses parents. Aujourd'hui, à travers ses propres investissements exclusivement, il « pèse » quelque 30 milliards d'euros à lui tout seul. Cependant, qu'il s'agisse d'Harvard, sur la côte est, ou de Stanford, sur la côte ouest, Buffett ne figure que rarement au programme des grandes écoles de gestion. En d'autres termes, le plus grand investisseur de tous les temps est en général ignoré par les milieux universitaires.

J'espère que vous ne commettrez pas cette erreur d'appréciation en ignorant l'exemple de Buffett, mais au contraire que vous vous déciderez à reproduire ses pratiques d'investissement, surtout si vos expériences précédentes en matière d'investissement ont été pour le moins désagréables.

Dans la plupart des sports, la maîtrise des fondamentaux est essentielle si l'on souhaite devenir un bon joueur. C'est la même chose lorsque l'on veut pratiquer la méthode Buffett : la maîtrise des fondamentaux est cruciale pour celui qui souhaite devenir un bon investisseur boursier. Voici, pour commencer, quelques-uns de ces fondamentaux :

1. La priorité attribuée à la simplicité par rapport à la complexité.
2. La patience.
3. Le tempérament adéquat.
4. La pensée indépendante.
5. L'indifférence à l'égard des macro-événements qui risqueraient de vous distraire.
6. La stratégie « contre-intuitive » de non diversification.
7. L'inactivité plutôt que l'hyperactivité.

8. L'achat raisonné de titres que l'on conservera contre vents et marées.
9. La priorité donnée aux résultats et à la valeur de l'entreprise plutôt qu'au cours du titre.
10. L'opportunisme énergique qui se traduit par une capacité à saisir les bonnes occasions d'investissement qu'offre ponctuellement l'irrationalité des marchés.

Ces fondamentaux – parmi d'autres – feront de vous un meilleur investisseur pour la bonne raison que des principes solides d'investissement produisent des résultats solides.

Trouvez une très bonne entreprise, gérée avec talent, conseille Buffett, achetez ses titres à un prix raisonnable… et conservez-les toute votre vie.

Chapitre 1

Privilégiez la simplicité au détriment de la complexité

Lorsque vous investissez, cherchez la simplicité.
Faites ce qui est facile et évident, conseille Buffett.
Ne cherchez pas à élaborer des réponses compliquées
à des questions complexes.

Beaucoup de gens croient qu'investir en Bourse est complexe, mystérieux et risqué, et que par conséquent il vaut mieux laisser faire les professionnels. Cette perception très répandue part du principe que l'être humain moyen ne peut pas devenir un investisseur à succès car la réussite boursière exigerait un diplôme de niveau supérieur en finance, la maîtrise de formules mathématiques incompréhensibles, l'accès à des logiciels sophistiqués pour déterminer à quel moment acheter ou vendre, et une grande quantité de temps disponible pour suivre le marché en continu, ses évolutions, son volume, les tendances économiques et ainsi de suite.

Warren Buffett a démontré que tout cela n'était qu'un mythe.

Il a tracé une voie simple de réussite pour investir en Bourse. Toute personne dotée d'une intelligence moyenne est tout à fait capable d'investir dans les bonnes valeurs, sans l'assistance d'un professionnel, car les fondamentaux d'un investissement intelligent sont faciles à comprendre.

Buffett n'investit que dans des entreprises dont on comprend facilement ce qu'elles font, des sociétés solides et durables, dont la réussite s'explique simplement. Il n'accepte jamais de placer son argent dans quelque activité complexe qui échapperait à sa compréhension.

Souvenez-vous que le degré de difficulté n'apporte rien à la valeur d'un investissement. Recherchez des sociétés durables dont les « business models » sont prévisibles.

L'essence et la beauté de l'approche d'investissement de Buffett résident dans sa simplicité. Elle ne requiert ni mathématiques complexes, ni formation financière, ni connaissance des évolutions futures de l'économie ou de la Bourse. Elle se base sur des principes de bon sens et la patience – des valeurs traditionnelles de bon sens que tout investisseur est en mesure de comprendre et de mettre en œuvre. En fait, Buffett est convaincu que les investisseurs ne se rendent pas service lorsqu'ils se fient à des formules mathématiques, des prévisions ou des mouvements du marché à court terme, ou encore à des graphiques basés sur le prix des actions ou le volume des transactions.

En fait, dit Buffett, la complexité peut vite se révéler être un cadeau empoisonné. Ne risquez pas l'épuisement en essayant de décoder les dernières théories en matière d'investissement, telles que l'évaluation des options ou le calcul des bêtas. Dans la plupart des cas, votre ignorance de ces systèmes de pointe vous confère un avantage. Une leçon essentielle, que Buffett a apprise grâce à son mentor, Benjamin Graham, est que vous n'avez pas à accomplir « des choses extraordinaires pour obtenir des résultats extraordinaires ».

Visez la simplicité. Votre objectif doit être le suivant : acheter les titres d'une excellente entreprise, gérée par des personnes honnêtes et capables ; les payer à un prix inférieur à ce que qu'ils valent réellement en termes de potentiel de gains futurs ; puis, conserver ces titres et attendre que le marché confirme la pertinence de votre choix.

Tel est le pivot de la philosophie d'investissement de Buffett et ce qui explique son incroyable réussite. C'est ce qui lui a permis de transformer un placement de 10,6 millions de dollars en actions du *Washington Post* en un investissement dont la valeur dépasse aujourd'hui le milliard de dollars. C'est aussi ce qui lui a permis de passer d'un placement d'un milliard de dollars dans les titres de Coca-Cola à une position dont la valeur atteint désormais plus de 8 milliards de dollars. Cela explique également qu'il ait acquis des titres de GEICO Insurance pour un montant de 45 millions de dollars dont la valeur atteint aujourd'hui plus d'un milliard.

Si vous ne comprenez pas l'activité d'une entreprise, évitez d'y placer votre argent.

Buffett a fait de Berkshire Hathaway une entreprise qui vaut aujourd'hui plus de 100 milliards de dollars en s'appuyant sur ce simple principe de conduite. Lorsqu'il investit en Bourse, il place son argent dans des entreprises dont l'activité est facile à comprendre, solides, présentant des perspectives fortes et durables et ayant mis en place une direction compétente et éthique. Il achète un grand nombre d'actions lorsque le marché les vend au rabais. Voilà, en quelques phrases, l'explication de sa réussite.

Oubliez les logiciels sophistiqués de « stock-picking »[1] qui se concentrent sur l'historique du cours, la volatilité ou l'orientation du marché. Fuyez également les équations remplies de logarithmes et de lettres grecques. Buffett utilise bien son ordinateur, mais principalement pour jouer au bridge plutôt que pour suivre les évolutions des cours des titres. Calquez votre objectif d'investissement sur celui de Buffett : soyez à l'affût de titres à prix raisonnable « émanant d'entreprises facilement compréhensibles, présentant de fortes probabilités de connaître une accélération de leurs bénéfices dans les années à venir. Voilà tout !

1 Sélection de quelques actions destinées à figurer sur les listes d'achat et de vente des brokers. L'objectif est l'obtention de listes dont la performance dépasserait largement celle du marché.

Voici trois principes sur lesquels fonder toutes vos décisions d'investissement :

Visez toujours la simplicité. Ne rendez pas la pratique de l'investissement inutilement difficile. Restez dans les domaines que vous connaissez et placez votre argent dans des entreprises robustes pourvues d'une direction solide et éthique. Les décisions d'investissement caractérisées par leur complexité sont à éviter.

Prenez vos décisions d'investissement par vous-même. Soyez votre propre conseiller en investissements. Méfiez-vous des courtiers et autres vendeurs qui chercheront à vous forcer la main afin que vous achetiez tel ou tel titre, ou encore des parts d'OPCVM, dans l'unique but de faire monter leurs commissions. À l'évidence, ces personnes ne sont pas animées par la recherche de votre propre intérêt.

Étudiez l'homme sous la direction duquel Buffett a étudié. L'homme qui a le plus influencé Buffett, en dehors d'Howard, son père, est Benjamin Graham, le père de l'investissement en actions, et celui qui a montré à Buffett, voici quelques décennies, que les placements ne fructifiaient pas obligatoirement grâce à leur complexité. Ayez la bonne idée de lire ce que cet homme a à dire.

▶ ***N'oubliez pas que les stratégies simples de Buffett ont produit des résultats extraordinaires.***

Chapitre 2

Prenez vos propres décisions d'investissement

N'écoutez ni courtiers, ni analystes, ni experts. *Trouvez par vous-même.*

Warren Buffett est d'avis que tout un chacun est capable d'investir avec succès en se passant de l'aide des courtiers, des experts boursiers ou de tout autre professionnel. Il va même plus loin. Dans l'ensemble, croit-il, ces soi-disant « experts » n'apportent rien de plus. Quelles que soient leurs prétendues compétences, vous pourrez toujours faire bien mieux par vous-même.

Pour des raisons évidentes, les professionnels de l'investissement cherchent à nous persuader du contraire. Ils répandent l'idée que l'investissement boursier est bien trop compliqué pour Monsieur ou Madame tout le monde, tout simplement parce que cela favorise leurs affaires. Combien de temps survivraient-ils sur le marché si l'investisseur moyen considérait qu'ils n'apportent rien d'intéressant ?

Peut-être est-ce difficile pour vous de croire que les experts, que vous connaissez à travers les médias, n'apportent pas réellement de valeur. Si cela est votre cas, réfléchissez à la façon dont ces professionnels gagnent leur vie et aux motivations financières à l'origine de leur comportement. Les spécialistes financiers sont souvent des vendeurs dont les marchandises sont les produits d'investissement à partir desquels ils tirent un bénéfice. Le revenu d'un courtier sera souvent basé sur son volume d'activité, c'est-à-dire sur les commissions réalisées pour l'achat et la vente de titres.

Logiquement, par conséquent, les courtiers ne gagnent habituellement rien du tout à voir leurs clients conserver leurs titres indéfiniment, ce qui est la caractéristique principale de l'approche prônée par Warren Buffett. Le volume d'activité est souvent la préoccupation majeure des courtiers qui sont rémunérés sur la base du nombre d'opérations effectuées par les investisseurs. Que ces opérations s'avèrent fructueuses ou désastreuses ne change rien à l'affaire.

Si vous êtes démarché par un conseiller en investissements ou tout autre type d'expert financier, n'hésitez pas à lui demander : « Qu'avez-vous à y gagner ? » Si sa réponse ne vous donne pas entière satisfaction, passez votre chemin.

En adoptant les idées simples et qui ont fait leurs preuves de Buffett, vous pourrez vous passer des services professionnels des brokers, des « gourous » de Wall Street, des logiciels de stock-picking, des spécialistes des prévisions boursières, et de tout autre expert auto-désigné. Vous saurez prendre vos décisions d'investissement par vous-même. Dans la plupart des métiers, reconnaît Buffett, les professionnels apportent une valeur permettant d'espérer des résultats supérieurs à ce que pourrait obtenir le non-spécialiste. Tel n'est pas le cas, dit-il, dans le domaine de la gestion de l'argent.

Pourquoi ? Eh bien, la plupart des spécialistes ignorent la philosophie de base de Buffett et se tournent au contraire vers des pratiques complexes d'investissement à l'utilité douteuse. Et c'est parfaitement compréhensible. Nombreux sont ces professionnels de la finance à avoir reçu une formation poussée (et onéreuse), au cours de laquelle ils ont appris à manipuler toutes sortes d'outils et de techniques plus ou moins exotiques. Comme le dit un vieux proverbe : « donnez un marteau à un enfant et il verra des clous partout »...

Pour être juste, il faut admettre que la plupart des spécialistes financiers croient en toute bonne foi à l'intérêt des formules et des techniques spécifiques qu'ils ont réussi à maîtriser après de longues années d'efforts soutenus. Malheureusement, ils sont encore nombreux à tout ignorer de ce que signifie « investir dans une valeur », une technique dont les pionniers ont été, il y a un demi-siècle, Benjamin Graham et Dave Dodd, et que Warren Buffett a adopté il y a près de quarante ans. Cette technique du *value investing* consiste principalement à déceler les écarts entre le cours d'une action constaté sur le marché boursier et sa valeur réelle. En langage imagé, il s'agit de chercher des billets d'un dollar en vente à 40 cents.

Devenez un spécialiste du « value investing » : une technique qui a prouvé son intérêt sur le long terme.

À l'instar de Buffett, vous pouvez gagner de l'argent en pratiquant le *value investing*. Les professionnels du domaine financier, eux, n'y gagneront rien – du moins pas sur votre dos. Et c'est peut-être la raison pour laquelle, en dépit des succès très médiatisés de Buffett, il n'y a jamais eu de ruée visible sur cet « investissement valeur ». Trop d'intérêts particuliers poussent dans la direction opposée.

Mon conseil – tiré des succès du modèle Buffett – est que vous devriez adopter le *value investing*. Vous pouvez d'ores et déjà être certain que les « commandements » de Buffett sont tout ce dont vous aurez besoin pour agir de façon autonome. Ils constitueront le cadre vous permettant d'exercer le contrôle sur votre avenir financier. Pour commencer, efforcez-vous de suivre ces quelques principes de base de la méthode Buffett :

Acquérez les connaissances de base en matière de gestion et de marchés financiers. Pour prendre vos décisions d'investissement par vous-mêmes vous aurez besoin de posséder quelques bases en gestion et en ce qui concerne les entreprises cotées en Bourse. Lisez régulièrement les magazines et périodiques financiers. Et – cela va sans dire – tout ce que vous pourrez trouver concernant Benjamin Graham, Warren Buffett et Charlie Munger.

Écoutez les conseillers financiers, les courtiers et les « leaders d'opinion » médiatiques avec une bonne dose de scepticisme. Une fois que vous aurez acquis les fondamentaux en matière d'investissement, prenez garde à ne pas succomber aux sirènes des « experts » financiers. Rappelez-vous qu'ils ont des intérêts et des objectifs spécifiques, et que votre sécurité financière n'occupe pas la première place sur la liste de leurs préoccupations.

Souvenez-vous qu'en matière d'investissement, les succès de Buffett demeurent inégalés. Au moment où vous essayerez de déchiffrer le marché, cela peut s'avérer une bonne idée que d'écouter celui qui a su en tirer le maximum de profits.

▶ ***La compréhension des idées et des pratiques de Warren Buffett vous armera d'un code de conduite que vous pourrez observer par vous-même, sans recourir aux services de qui que ce soit.***

Chapitre 3
Affichez une humeur égale

Laissez à autrui toute réaction excessive face au marché boursier, conseille Buffett. Veillez à garder la tête froide lorsque les esprits s'échauffent. Vous n'en tirerez que plus de profit.

Bien que simple et facile à comprendre, la philosophie d'investissement de Warren Buffett n'est pas forcément aisée à mettre en pratique. Une fois que vous aurez bien compris l'approche préconisée par Warren Buffett, la chose la plus importante que vous devrez développer est le tempérament qui sied à un investisseur intelligent. Ce tempérament consistant à garder la tête froide à tout instant.

Cela signifie que vous allez devoir faire preuve d'un état d'esprit approprié lorsque vous devrez affronter les mauvaises nouvelles et les déconvenues qui affecteront inévitablement votre portefeuille de titres. Il faut de la rigueur et du sang-froid quand tout va mal. Mais faire preuve du bon état d'esprit signifie également savoir garder la tête sur les épaules dans la situation contraire, c'est-à-dire lorsque le marché est haussier et que, tout autour de vous, les gens sont euphoriques et avides.

C'est sur votre tempérament que vous pourrez compter lorsque tout ne sera pas au beau fixe pour vous. Que ferez-vous lorsque vous serez confronté à un brusque effondrement du cours d'un titre que vous possédez ? Cédant à la panique, vendrez-vous vos titres ? Que ferez-vous face à un événement politique ou macro-économique majeur tel qu'une guerre, une récession, ou la brusque chute de tel ou tel indice boursier ?

Que déciderez-vous si l'entreprise dans laquelle vous avez investi affiche de mauvais résultats trimestriels ou publie un piètre bilan annuel ? Garderez-vous l'œil rivé sur les cours de l'action ou, au contraire, resterez-vous concentré sur les fondamentaux et les résultats à long terme de cette société ? Comment réagirez-vous lorsque tel ou tel expert dépeindra un avenir sombre pour vos titres ou pour la Bourse en général ?

Qu'allez-vous faire lorsque la « communauté » des investisseurs se trouvera au beau milieu d'un marché baissier ou haussier, imprégné tour à tour d'un « enthousiasme spéculatif » ou gagné par la « dépression », et emporté tantôt par l'avidité euphorique, tantôt par la peur, ainsi que nous l'avons vu à l'époque de la bulle Internet ? Benjamin Graham, le professeur de Buffett à l'Université de Columbia, n'avait-il pas déjà déclaré que « le problème numéro un de l'investisseur, son pire ennemi, c'est probablement lui-même » ? Souhaitez-vous être votre pire ennemi ?

Vos réactions et vos réponses à ces situations joueront un rôle essentiel dans le succès de vos investissements. L'investisseur sage garde son calme face aux événements négatifs. Êtes-vous prêt à « sous-vendre » vos actions en cas de chute des cours ou, au contraire, à tirer parti d'une opportunité potentielle afin d'acheter davantage de titres « à prix sacrifiés » ?

Buffett utilise un repère précis que vous devriez appliquer à votre propre cas. Si vous êtes du genre à paniquer lorsque l'un des titres de votre portefeuille perd la moitié de sa valeur du jour au lendemain, évitez d'investir en Bourse. Pour réussir sur ce marché, vous devez non seulement être capable d'investir dans d'excellentes entreprises, mais également disposer de la confiance nécessaire pour ne pas lâcher ces dernières au moment où tout le monde leur tourne le dos. Lorsqu'il y a de la tension dans l'air, affirme Buffett, il n'est pratiquement jamais pertinent de vendre les titres d'une entreprise de qualité.

N'achetez pas de titres qui provoqueraient chez vous un sentiment de panique et dont vous vous débarrasseriez à la hâte si les cours venaient à chuter de 50 %.

Berkshire Hathaway a connu son année noire en 1999, au moment où le Nasdaq atteignait des sommets insoupçonnés, porté par la frénésie Internet de la fin des années 90. Le style « démodé » de Buffett, fait de patients investissements dans des entreprises « low-tech », était alors qualifié d'obsolète. Son refus d'acheter les séduisants titres « high-tech » faisait de lui un homme d'une autre époque, du moins selon les experts. La technique du *value investing* passait pour une idée de vieux dinosaure, seul le « day trading », la spéculation immédiate, sur une seule journée de cotation, était tendance.

Aussi, en mars 2000, le cours du titre Berkshire Hathaway chuta de 50 %, passant de 84 000 à 40 000 dollars par action. En dépit du fait que les fondamentaux de l'entreprise étaient solides et que son avenir était assuré, certains actionnaires nerveux ont alors choisi de se débarrasser de leurs actions Berkshire Hathaway. Ils agissaient sous le coup de l'émotion, au moment où Berkshire Hathaway était pris dans la tempête, et préféraient quitter le navire plutôt que de s'y amarrer de manière encore plus solide.

Dans un contexte comme celui-ci, qu'est-ce que l'approche Buffett ? Cela signifie se montrer capable d'identifier une opportunité d'achat dans la chute de 50 % du cours d'une action. Cela signifie garder l'œil rivé sur les fondamentaux des entreprises dans lesquelles vous avez investi plutôt que de vous polariser sur les soubresauts d'un marché inconstant. Si les investisseurs avaient prêté attention à ces conseils, et « acheté du Berkshire » au moment où le cours de l'action venait de perdre la moitié de sa valeur, ils en auraient été généreusement récompensés. En effet, l'action allait connaître un fort rebond en 2004 et atteindre le cours record de 97 000 dollars !

Bien sûr, on peut facilement perdre la tête lorsque le marché affiche des soubresauts violents. Et il est encore plus dur de garder son calme lorsque les cours s'effondrent et que les experts comme les journalistes rivalisent de pessimisme. Dans ce contexte, le plus simple est tout naturellement de céder à la panique. *Ne tombez pas dans ce piège.* Si vous détenez des titres d'une très bonne entreprise, gardez-les. Et si quelqu'un vous propose d'en acheter davantage à un prix vraiment intéressant, faites-le !

À l'âge de 22 ans, Buffett avait accumulé quelque 350 actions de GEICO Insurance pour une valeur totale d'environ 15000 dollars. À ce moment-là, il décida de les vendre. S'il les avait conservées, son capital une vingtaine d'années plus tard, aurait été d'1,3 million de dollars. À travers cette expérience et d'autres encore, Buffett apprit, à ses propres dépens, ce qu'il en coûtait de vendre les actions que l'on détient d'une société qu'il avait pourtant identifiée comme une affaire magnifique. Il rachèterait cette erreur plus tard, en investissant massivement dans GEICO en 1976, puis en rachetant la totalité du capital de l'entreprise en 1996.

Voici trois conseils qui vous aideront dans les bonnes comme dans les mauvaises situations :

Conservez vos titres dans des entreprises de qualité. Ne cédez ni à l'euphorie, ni à la panique. Achetez des actions de très bonnes entreprises et gardez-les plusieurs années. Ne vous précipitez pas pour acheter vos actions et ne les cédez pas dans la précipitation. Des études montrent que plus le nombre d'opérations d'investissement est élevé, plus l'on perd d'argent. Sans compter toutes les commissions supplémentaires à régler.

« Connais-toi toi-même ». N'achetez pas un titre si vous ne supportez pas l'idée qu'il puisse perdre la moitié de sa valeur. Cela signifie que vous devez avoir la patience et la discipline nécessaires pour conserver les titres des entreprises qui affichent des fondamentaux et une gestion solides.

Ne prenez pas une décision d'investissement parce que d'autres vous ont encouragé à le faire. Faites la sourde oreille face aux conseils boursiers « infaillibles », aux « experts » médiatiques, et à d'autres qui ont un intérêt particulier à vous voir acheter certains titres. Menez votre enquête et réfléchissez seul.

▶ ***Pour réussir en Bourse, affirme Buffett, il suffit d'une intelligence moyenne. En revanche, il faut acquérir l'état d'esprit qui vous aidera à résister à la tempête et à respecter vos plans d'investissement sur le long terme. Si vous savez rester calme au beau milieu de gens qui paniquent, pas de problème, vous tiendrez le coup.***

Chapitre 4
Soyez patient

« Pensez en termes de dizaines d'années, et non de dizaines de minutes » conseille Buffett. Si vous n'êtes pas prêt à conserver certains titres pendant dix ans, alors évitez de les acquérir.

Alors qu'il n'avait que onze ans, Warren Buffett achetait ses premières actions : trois titres de Cities Service Preferred au prix de 38 dollars l'une. Peu de temps après, il revendait ses trois actions alors que leur cours atteignit 40 dollars, réalisant un bénéfice net de cinq dollars. Quelques années plus tard, ces mêmes titres s'échangeaient au prix de 200 dollars l'action. C'est ainsi que Buffett apprit très tôt que la patience de l'investisseur était une nécessité.

Buffett ne spécule pas sur une séance mais plutôt sur une décennie. Son approche est fondée sur la patience et une vision à long terme. Il pratique une méthode qui a fait ses preuves pour devenir riche lentement.

Les spéculateurs « à la séance », ceux que l'on appelle les *day traders* ont l'habitude de se débarrasser de leurs titres après quelques semaines ou même quelques jours. Buffett, lui, conserve ses titres pendant des années voire des décennies. Il a décrit la Bourse comme une « structure de réaffectation » : un moyen grâce auquel l'argent passe des mains des impatients à celles des gens qui ont de la patience. Quelle est la stratégie la plus avisée ? Pensez-y un instant : combien de spéculateurs à court terme ont réussi à transformer 10 millions de dollars en 1 milliard, comme l'a fait Warren Buffett ?

Apprenez à mettre en pratique la discipline de patience préconisée par Warren Buffett. Elle vous aidera à engranger des bénéfices boursiers bien plus importants sur le long terme.

Il est intéressant de se rappeler que certains marchés se montrent en réalité défavorables aux achats suivis de revente éclair, alors qu'ils favorisent les acheteurs qui gardent leurs titres longtemps. Warren Buffett a fait remarquer que, dans les années 1970 et 1980, les entreprises étaient valorisées à des niveaux assez bas et que le cours de leurs actions en Bourse n'était pas soumis à des évolutions rapides. Les investisseurs « agités », passant d'une action à l'autre, ont alors perdu beaucoup de temps et d'argent, avant de rater la très importante hausse des marchés dans les années 1990. La plupart des investisseurs n'aime pas s'attarder sur les opportunités boursières qu'ils ont ratées. Buffett, lui, n'hésite pas à le faire, et c'est tout à son honneur. Et la morale qu'il tire de ces expériences est généralement qu'il faut « acheter et conserver ». La patience est à la base de la réussite du *value investing*. L'impatience a coûté très cher à Buffett à l'occasion de son achat, en 1966, d'un nombre significatif d'actions Disney à 31 cents l'action, qu'il allait revendre l'année d'après à 48 cents l'unité.

Charlie Munger, associé depuis de longues années à Buffett depuis, partage son point de vue en ce qui concerne la patience, mais il l'exprime de manière plus succincte : « L'investissement consiste d'abord à trouver quelques sociétés de qualité et ensuite à pratiquer la position assise. » Il ajoute : « Un investisseur qui manifeste une trop grande agitation fait fausse route. La patience fait partie du jeu. »

Voici un petit exercice mental recommandé par Buffett : imaginez, lorsque vous achetez des titres, que les marchés fermeront dès le lendemain pour cinq ans. Buffett affirme que cette situation ne serait pas un obstacle pour lui car il n'achète presque jamais des titres avec l'intention de les revendre rapidement. Il est déterminé à gagner de l'argent grâce à une entreprise plutôt que grâce à la Bourse. Cette dernière sert uniquement d'intermédiaire dans le cadre de vos efforts pour dégager des plus value. Vous pouvez imaginer d'autres contraintes que vous pourriez vous imposer pour vous aider à adopter cette discipline de patience.

Bien entendu, il n'est pas facile de faire preuve de patience, mais il s'agit d'une composante cruciale du tempérament approprié au *value investing*. Lorsque vous investissez, considérez-vous comme un résident permanent et non comme quelqu'un de passage. Un urbaniste français avait été averti que les arbres qu'il souhaitait planter le long des grands boulevards parisiens n'arriveraient à maturité que 80 ans plus tard et ne donneraient pas avant toute l'ombre qu'il en attendait. Voici sa réaction : « Dans ce cas, nous devons planter ces arbres immédiatement ! » C'est à cet état d'esprit que fait référence Warren Buffett lorsqu'il remarque que si nous pouvons nous asseoir à l'ombre aujourd'hui, c'est bien parce que quelqu'un a planté un arbre il y a de cela de nombreuses années.

Il faut du temps pour qu'un gland devienne chêne. Il y a quelque 25 familles à Omaha, dans le Nebraska, qui ont conservé leurs actions Berkshire pendant plus de 35 ans, et leurs parts valent aujourd'hui plus de 100 millions pour un investissement de départ qui représentait tout au plus 50 000 dollars.

Buffett s'inscrit donc à contre-courant des tendances éphémères, aussi bien en tant qu'investisseur que comme responsable d'une entreprise importante. En ce qui concerne les actionnaires de Berkshire Hathaway, il souhaite des gens personnellement impliqués dans l'avenir de cette société. Voici le langage qu'il leur tient : ne considérez pas vos actions comme un simple morceau de papier dont la valeur fluctuerait à chaque instant – même si, de fait, cette valeur fluctue effectivement tous les jours. Au lieu de cela, pensez à votre pourcentage d'actions comme s'il s'agissait d'un bien immobilier dont vous auriez fait l'acquisition en commun avec d'autres membres de votre famille. Mettriez-vous en vente la maison ou l'appartement de la famille à la première perturbation externe mineure ? Bien sûr que non. Eh bien, poursuit Buffett, pensez aux titres que vous détenez de la même manière.

Buffett détient un gros bloc d'actions Berkshire Hathaway depuis plus de 40 ans. Il n'en a jamais revendu une seule. Il a vécu tous les événements dramatiques de la Bourse, du fameux « lundi noir » au dépassement de la barrière psychologique des 11 000 points par le Dow Jones, et cela sans jamais perdre la tête. Il n'est pas animé par un esprit de contradiction. Il ne s'agit pas simplement d'acheter lorsque les autres vendent et de vendre lorsque les autres achètent. Il s'agit en revanche de la détermination à garder la tête froide. Ne cédez pas, comme les autres, à l'« exubérance irrationnelle » (pour reprendre la célèbre phrase d'Alan Greenspan). Et ne vous laissez pas emporter non plus par les sirènes de la désolation. En prenant du recul, vous verrez que le ciel n'est pas près de vous tomber sur la tête.

Benjamin Graham observait dans *L'investisseur intelligent* – le livre-fétiche de Buffett sur l'investissement – que « nous avons vu que beaucoup plus d'argent avait été gagné et conservé par des "gens ordinaires" dont le comportement est bien adapté au processus de l'investissement que par des personnes dépourvues de cette qualité, et cela en dépit de leur vaste connaissance de la finance, de la comptabilité et des techniques de la Bourse ».

En d'autres termes, il s'agit d'avoir une vue d'ensemble plutôt que de s'embarrasser d'une quantité de détails techniques. L'une des raisons pour lesquelles Buffett a été capable de transformer son investissement de 10 millions de dollars dans le *Washington Post* en un actif valant 1 milliard de dollars, c'est qu'il a conservé les titres contre vents et marées. Juste après son acquisition, en 1973, le cours de l'action du *Washington Post* a chuté de 50 %, et l'effondrement allait se poursuivre pendant deux ans encore. Buffett a refusé de se débarrasser de la moindre action. Dans sa tête, il avait une vue d'ensemble.

Au cours des années qui suivirent, le *Washington Post* traversa une période de grande adversité, allant de la grève de son personnel à son rôle dans le scandale du Watergate, en passant par les récessions, la guerre, et le krach boursier du 19 octobre 1987 – le fameux « lundi noir » – au cours duquel l'indice Dow Jones perdit 508 points.

Buffett ne revendit pas ses actions en dépit des temps difficiles car il ne s'est jamais départi de sa vue d'ensemble. Et sa patience fut généreusement récompensée : chaque année il récupère son investissement de départ avec un chèque de dividendes annuels du *Washington Post* d'un montant de 10 millions de dollars.

Pour Buffett, il s'agissait d'une action volatile, mais pas d'une entreprise volatile. Ce qui représentait deux choses diamétralement opposées. Il pouvait y avoir des fluctuations dans le cours de l'action en raison d'un marché boursier chaotique, mais l'affaire sous-jacente demeurait forte et sûre. Il n'a jamais paniqué. Il a tenu bon, et les résultats sont parlants.

Les actionnaires de Berkshire qui ont conservé leurs titres malgré la tempête ont vécu la même heureuse conclusion. Le cours de l'action Berkshire Hathaway de catégorie A était de 40 dollars en 1974, de 1275 dollars en 1984, de 15400 dollars en 1994 et de 97000 dollars en 2004. Dotés du tempérament adéquat, ces actionnaires ont été récompensés. Aux autres, ceux qui avaient revendu leurs titres, il ne restait plus que leurs yeux pour pleurer.

Des événements – bons et mauvais – se produiront pendant votre période d'investissement. En d'autres mots, ne vous attendez pas à une partie de plaisir. La Bourse connaîtra des surchauffes, et verra ses cours monter en flèche. Les pessimistes se précipiteront pour vendre leurs titres, provoquant l'effritement des cours. Encore une fois, le plus important consiste à miser sur les bonnes entreprises et à cultiver la bonne attitude.

N'ayez pas l'œil rivé sur le cours des actions. Au lieu de cela, étudiez l'entreprise, son potentiel de développement, ses projets, et ainsi de suite.

Voici quelques conseils directement tirés de la stratégie Berkshire Hathaway :

Écoutez les conseils de Charlie Munger. Pratiquez la position assise. Ne confondez pas activité et succès. Dans le contexte de l'investissement, ces deux termes sont des antonymes.

Achetez exclusivement des titres que vous ne revendriez pas pendant au moins cinq années. Lorsque vous passez un ordre d'achat, imaginez que les marchés vont fermer pendant les cinq années qui suivent et que vous ne pourrez pas revendre vos titres. Cela doit vous aider à adopter un point de vue à long terme.

Rappelez-vous que « le temps est l'ami de l'entreprise de qualité ». Ne vérifiez pas la valeur de vos investissements chaque jour, ni même chaque semaine. Souvenez-vous que tous les cours fluctuent. Faites un meilleur usage de votre temps en gardant l'œil rivé sur les résultats des entreprises plutôt que sur la performance des cours.

▶ ***À la question « combien de temps dois-je attendre ? » – en d'autres termes : combien de temps conserver un titre donné avant de le revendre – la réponse de Warren Buffett est claire : « Si vos décisions d'achat ont été judicieuses, attendez indéfiniment. »***

Chapitre 5
Achetez des entreprises, pas des actions

Une fois que vous aurez pris position dans la bonne entreprise, vous pourrez laisser les autres s'inquiéter à propos de la volatilité des marchés boursiers.

Pour Warren Buffett, un élément décisif dans la réussite de votre investissement consiste à vous souvenir que vous achetez *une partie d'une entreprise qui existe réellement.* Un titre n'est rien en lui-même. En revanche, il est l'émanation d'une entreprise réelle. Lorsque vous pensez à votre portefeuille, vous ne devriez avoir à l'esprit ni le cours des actions, ni les dépêches d'agences financières, ni la « cote » que publie votre journal préféré. Ce qui doit vous venir à l'esprit, rappelle Buffett, c'est une entreprise, voire une série d'entreprises ; des entreprises réelles engagées dans de bonnes affaires.

En d'autres termes, il ne s'agit pas de « jouer en Bourse » mais d'acquérir des parts d'entreprises – et d'entreprises de qualité. Sur le long terme, ce type d'entreprises prospère obligatoirement. De la même manière, les entreprises de piètre qualité sont incapables de tenir leurs engagements, aussi bien sur le court que sur le long terme.

Aussi, la chose la plus importante que vous puissiez faire avant d'acheter des titres est de réfléchir longuement et dans les moindres détails à l'entreprise dans laquelle vous investissez et à son avenir, en vous considérant non pas comme un simple investisseur mais comme un analyste d'entreprise. Prenez bien évidemment en considération le cours, mais soyez plus attentif à la valeur (le « cours » et la « valeur » devraient être étroitement liés, mais dans de nombreux cas ce lien a été rompu).

La valeur d'une entreprise se développe à partir de ce qu'elle fait, de ses résultats par rapport à la concurrence, de l'échelle à laquelle elle opère, et des perspectives de ces différents facteurs pour l'avenir. L'investisseur avisé est celui qui choisit une entreprise « de valeur » en se fondant sur ces types d'évaluation.

Dans le cadre d'un investissement, souligne Buffett, ce qui compte est la performance de l'entreprise qui se trouve à l'autre bout de l'investissement. Ce qu'elle fait, les résultats qu'elle obtient (à la fois en termes relatifs et absolus). Un investissement ne relève pas de la sphère émotionnelle mais, comme le dit Buffett, il s'agit toujours d'un acte « professionnel ».

> ***La* performance commerciale *d'une entreprise est primordiale dans le choix des actions. Étudiez l'historique de toute société qui se trouve sur votre liste d'achats.***

En 1985, Buffett a analysé la compagnie textile la plus importante aux États-Unis et ses résultats de 1964 à 1985. Ses actions se revendaient 60 dollars l'une en 1964. Une vingtaine d'années plus tard, le prix de l'action n'avait pratiquement pas évolué. En dépit de lourds investissements, l'entreprise luttait, plus ou moins constamment, pour sa survie. « Mauvaise affaire » fut la conclusion de Buffett. « Achetez et conservez » est un conseil qui ne peut pas fonctionner si vous misez dès le départ sur la mauvaise affaire.

Un regard en arrière, sur toutes ces sociétés « .com » aujourd'hui perdues et disparues, confirme l'importance de l'analyse d'entreprise préconisée par Buffett. Pendant cette période grisante que l'on a appelé la « bulle internet », les gens achetaient toutes sortes d'actions de sociétés de haute-technologie dont les prix grimpaient exponentiellement. Mais ils ignoraient la valeur des entreprises qui émettaient ces titres et leurs perspectives à long terme.

Les investisseurs achetaient des actions en se fondant sur l'activité du titre plutôt que sur la qualité de l'entreprise qu'il représentait.

Les actions d'entreprises telles que Global Crossing et Etoys.com s'échangeaient à plus de 80 dollars pièce. Aujourd'hui, elles ne valent plus rien. Buffett n'a pas acquis la moindre action des sociétés Internet car, selon lui, ces dernières n'étaient pas des entreprises prévisibles et rentables, affichant de solides bilans et d'importantes capacités d'autofinancement. Ses analyses lui ont conseillé de ne pas s'approcher de ces sociétés.

Comment Buffett identifie-t-il les entreprises à acheter ? Il recherche principalement quatre choses :

- des entreprises dont il peut comprendre l'activité ;
- des entreprises présentant des perspectives d'avenir favorables ;
- des entreprises gérées par des personnes honnêtes et compétentes ;
- des entreprises dont l'action affiche un prix attractif.

Buffett éprouve une sorte d'aversion pour les secteurs d'activité qu'il ne comprend pas. Son approche en tant qu'investisseur peut être qualifiée de sûre, prudente et sans éclat, mais elle est très efficace.

Il aime les entreprises « faciles à comprendre » car il sait que leur avenir est plus sûr et leur capacité d'autofinancement plus facile à prévoir. Des sociétés telles que See's Candies, Nebraska Furniture Mart, ou CocaCola figurent parmi ses favorites, car il s'agit d'entreprises stables avec des capacités d'autofinancement et des résultats prévisibles, et qui feront probablement encore la même chose d'ici un demi-siècle.

Si vous êtes incapable de faire ce type de prévisions en toute confiance, Buffett vous met en garde : vous faites de la spéculation, pas de l'investissement. L'objectif est d'éliminer autant d'incertitude que possible, en partie grâce au ciblage des entreprises qui demeurent relativement faciles à « décoder ». La confiserie et les sodas se prêtent à un type d'analyse que la plupart des innovations technologiques de pointe ne permettent pas.

Buffett évite les entreprises complexes qui sont sujettes à des changements majeurs en raison de l'incertitude autour de leur avenir. Le bénéfice et la capacité d'autofinancement sont les deux piliers de la viabilité d'une entreprise. Une capitalisation spectaculaire – en dépit de son côté impressionnant – peut rapidement se transformer en un feu de paille.

La capitalisation boursière a son importance car elle traduit la surface financière d'une société et sa capacité d'emprunt. Mais la certitude d'un chiffre d'affaires engrangé mois après mois, trimestre après trimestre et de manière prévisible, est bien plus importante.

Certains observateurs pourraient reprocher à Buffett son refus de s'aventurer dans ces entreprises nouvelles et souvent enthousiasmantes. Si tel était le cas, il ne s'en préoccuperait probablement pas. « Un tiens vaut mieux que deux tu l'auras » leur répondrait-il sans doute. Il est préférable de percevoir une rémunération prévisible plutôt que d'attendre une rémunération potentiellement énorme mais fortement spéculative. Mieux vaut à ses yeux réaliser des gains à un ou deux chiffres sur une base régulière plutôt que de prendre de gros risques dans l'espoir d'en tirer un profit élevé.

Ciblez la certitude au sein de marchés incertains : misez sur les entreprises susceptibles de surpasser leurs pairs sur le long terme.

Dans de nombreux cas, selon Buffett, le passé constitue le meilleur des indicateurs concernant l'avenir. Cela pourra en étonner plus d'un. N'avons-nous pas entendu parler de l'accélération du changement et de la manière dont l'économie du futur sera foncièrement différente de celle du passé ? Buffett n'est pas forcément en désaccord avec ces observations. Toutefois, il ne fonde pas ses investissements sur ce mode de réflexion. *Cherchez les entreprises qui font encore aujourd'hui ce qu'elles faisaient déjà il y a une dizaine d'années*, conseille-t-il. Pour quelle raison ? Eh bien, premièrement, elle a eu beaucoup de temps pour perfectionner sa manière d'opérer. Deuxièmement, une telle entreprise – Buffett cite souvent l'exemple du fabricant de bonbons See's Candy – s'est positionné sur une marché où les choses ne changent pas à toute vitesse. Si ce paramètre ne semble pas devoir être profondément modifié à l'avenir, alors cette société ne court pas le risque de connaître d'énormes déconvenues.

Le produit est-il durable ? Posez-vous la question suivante, même si elle peut avoir l'air bête au premier abord : lequel de ces deux produits est davantage susceptible d'être encore là dans dix ans : une application logicielle spécifique ou une crème glacée de chez Dairy Queen ?

La réponse est bien évidemment la crème glacée. Les logiciels évoluent bien trop vite pour pouvoir constituer un bon pari pour les dix années à venir.

Si vous n'avez aucune idée de ce que pourrait être une entreprise dans dix ans, alors c'est que vous ne comprenez pas cette entreprise. Et si vous ne comprenez pas l'entreprise dans laquelle vous placez votre argent, vous faites de la spéculation plutôt que de l'investissement. Vous êtes animé par l'espoir plutôt que par la réflexion.

Voici quelques conseils qui aideront les investisseurs à formuler des perspectives à long terme :

Souvenez-vous qu'une action représente un morceau de l'entreprise. N'achetez pas un titre en raison de l'activité autour de son prix.

Achetez un titre en vous fondant sur une analyse de l'entreprise et de ses perspectives d'avenir.

Évaluez les fondamentaux de l'entreprise avant d'acheter un titre quel qu'il soit. Bénéfices, résultat, capacité d'autofinancement, bilan et compte de résultat représentent quelques clés qui vous aideront à déterminer la santé à long terme de toute entreprise.

Utilisez internet pour préparer vos investissements. Il y a seulement quelques années, faire des recherches sur une société et ses perspectives d'avenir exigeait plusieurs jours, voire plusieurs semaines. Cela pouvait même s'avérer très difficile pour un investisseur non professionnel. Ce n'est plus le cas aujourd'hui : des centaines de sites internet gratuits diffusent tous types d'informations sur les entreprises : leurs rapports annuels, leurs résultats, leurs perpectives, et ainsi de suite.

▶ ***Ne pensez pas à la performance financière sur le mode « actions à court terme » mais plutôt sur le mode « entreprises sur le long terme ».***

Chapitre 6

Recherchez une entreprise qui soit une « franchise »

Certaines sociétés sont ce que
Warren Buffett appelle des « franchises ».
Elles sont comme protégées par de hautes murailles
ou de profondes douves. Elles sont plus ou moins imprenables.
Ce sont ces entreprises-là que vous devez trouver.

Warren Buffett s'attache à acheter les titres des entreprises dont les atouts concurrentiels et les produits sont pérennes. Il est à la recherche d'entreprises qui dominent leurs marchés. Pour décrire son entreprise idéale, il a recours à la métaphore du château imprenable de taille imposante, protégé par de profondes douves.

Les entreprises construites comme de solides citadelles sont ce que Buffett appelle des « franchises ». Non pas des franchises au sens d'Afflelou ou McDonald's, mais des structures qui jouissent d'une position privilégiée, représentant quasiment une garantie de succès. Une « franchise économique » fournit un produit ou un service qui :

- est nécessaire ou désiré ;
- ne nécessite pas une forte mobilisation de capital ;
- est perçu par ses clients comme dépourvu de concurrent immédiat ;
- n'est pas soumis à une réglementation sur les prix.

Le fabricant américain de sucreries See's Candies, déjà mentionné plus haut, offre une illustration de ce type de « franchise ». Il s'agit d'une entreprise disposant d'un atout concurrentiel durable. Elle vend des chocolats avec succès depuis plus de 70 ans et est susceptible d'en vendre encore dans 70 ans.

Les produits See's se distinguent de ceux de la concurrence (mais pouvez-vous seulement nommer un concurrent ?) et les gens achètent les chocolats See's pour leur réputation de qualité. Les clients sont prêts à payer plus cher pour ses produits, délaissant des alternatives plus économiques au profit de l'authentique.

Votre objectif en tant qu'investisseur, est donc de chercher à acheter des titres de sociétés qui peuvent être qualifiées de « franchises » au sens que donne Warren Buffett à ce terme.

De nombreux candidats à l'investissement commencent leurs recherches en se posant une question telle que celle-ci : « *Dans quelle mesure, telle société, dans un secteur donné, a-t-elle la capacité d'apporter quelques changements dans le monde ?* » Buffett estime que cela revient simplement à passer à côté de la vraie question. Il est vrai qu'un produit « nécessaire » ou « désiré » (critère n° 1 ci-dessus) est susceptible d'apporter ne serait-ce que quelques petits changements dans le monde. Mais, il est bien plus important, croit Buffett, de voir si cette entreprise dispose d'un atout concurrentiel durable. Il est préférable d'acheter du See's Candies – dont la mission n'est pas de changer le monde – que du DeLorean Motors, un constructeur automobile qui avait conçu une voiture novatrice. See's Candies est protégé par des douves. DeLorean ne l'était pas et cette entreprise a aujourd'hui disparu.

Recherchez les entreprises qui s'apparentent à des forteresses. Trouvez des sociétés qui se distinguent de leurs concurrents.

Buffett n'avait pas dès le départ compris l'importance de la « franchise ». Au début de sa carrière, il était bien plus focalisé sur les « bonnes affaires », lesquelles se sont révélées être de mauvais achats sur le long terme. Buffett s'est offert une onéreuse formation dans le domaine peu engageant de l'économie des fabricants de matériel agricole, des grands magasins de second ordre et des usines textiles de la Nouvelle-Angleterre. Tous étaient dépourvus de la moindre muraille protectrice ou douve profonde !

En 1965, Buffett faisait l'acquisition de la compagnie textile Berkshire Hathaway basée en Nouvelle-Angleterre. Vingt ans plus tard, il fermait l'activité textile de Berkshire Hathaway, car elle n'avait pas d'avenir et perdait de l'argent. Des concurrents internationaux avaient fortement ébranlé cette activité de la société. Dépourvue d'un atout concurrentiel à long terme ou de douves pour sauvegarder ses perspectives d'avenir, l'activité textile finit par s'effondrer.

Ces erreurs de novice sont à mettre en perspective avec le choix de Buffett en 2003, année où il choqua de nombreux observateurs en achetant quelque 2 milliards d'actions du groupe énergétique chinois PetroChina. Cette immense société, dont peu de gens avaient entendu parler, domine l'activité pétrolière en Chine. Elle est la quatrième compagnie pétrolière au monde en termes de rentabilité, et produit autant de pétrole brut qu'Exxon. C'est le type même de l'entreprise « place forte » que vous vous devez d'ajouter à votre portefeuille si vous avez la chance de la trouver.

Une autre clé importante dans l'achat de « franchises » – ou de toute autre entreprise – consiste à attendre jusqu'à ce que la société ait atteint un prix raisonnable. C'est l'un des traits marquants de la méthodologie de Buffett.

Ne faites pas des passages éclairs sur les marchés boursiers. Les statistiques montrent que plus les transactions sont fréquentes, plus les pertes sont importantes.

Dressez la liste des entreprises qui vous intéressent et du prix plafond que vous seriez prêt à débourser pour acquérir leurs titres. Gardez cette liste à portée de main et consultez-la régulièrement. Elle vous aidera à observer une discipline et vous évitera des prises de décisions qui nuiraient à votre portefeuille.

Dans son best-seller publié chez McGraw-Hill, *How to Pick Stocks Like Warren Buffett,* Timothy Vick utilise des arguments irréfutables en faveur du « stockage des actions » à la manière de Buffett : « (...) cela vous force à rester vigilant. Avant d'acheter, vous devrez déterminer une valeur raisonnable pour la société, ce qui implique que vous devrez l'étudier. Investir votre temps dans un processus d'évaluation diminuera sensiblement vos risques d'un achat prématuré » (page 98).

Voici quelques suggestions qui vous aideront à identifier et à conserver les bonnes sociétés :

Identifiez les « franchises » qui passeront l'épreuve du temps. Cherchez sans relâche l'entreprise conforme aux critères de Buffett : celle qui fabrique des produits nécessaires ou désirés, pour lesquels il n'existe pas de substituts proches, qui n'est pas excessivement gourmande en capital, et non soumise à la réglementation des prix.

Étudiez les fondamentaux sous-jacents des entreprises avant d'en acquérir les titres. Assurez-vous d'effectuer un contrôle adéquat avant d'acheter des actions. Vous pourrez ainsi mieux fonder vos décisions d'investissement et améliorer vos chances de succès sur le long terme.

N'hésitez pas à « laisser passer quelques balles » avant de frapper. Buffett est partisan de la tactique qui consiste, pour le batteur de base-ball, à s'abstenir de tenter de frapper la balle à tous les coups. Au fil du temps, les meilleurs investisseurs prennent de moins en moins de décisions d'achat et de vente.

▶ ***Si vous voyez des piranhas et des crocodiles dans les profondes douves qui entourent un château imposant, commente Buffett, c'est que vous avez trouvé le genre d'entreprise pérenne qui peut vraiment faire gagner de l'argent à ses actionnaires.***

Chapitre 7

Oubliez le « high-tech », achetez du « low-tech »

Pour Buffett, un investissement réussi est rarement associé à une activité « tape-à-l'œil ». Dans son univers, les fusées et les lasers sont bien moins présents que du ciment, de la moquette, de la peinture et une bonne isolation.

Warren Buffett a racheté des fabricants de briques, de peintures, de tapis, plusieurs fabricants de meubles et un de sous-vêtements. Voilà les types d'entreprises pour lesquelles Buffett a une prédilection car elles sont faciles à comprendre, stables et leur capacité d'autofinancement est prévisible. Elles ne sont caractérisées ni par leur sophistication ni par leur glamour. Ce sont simplement de bonnes et solides sociétés peu sujettes à de grands changements dans les années à venir. Année après année, elles affichent des bénéfices constants et une croissance de leur chiffre d'affaires.

Buffett ne possède pas de sociétés « exotiques », ces entités de la « nouvelle économie » à la pointe de la technologie, issues par exemple des secteurs de la fibre optique, des logiciels ou de la biotechnologie. Trop souvent, estime-t-il, les bénéfices de ces technologies « exotiques » ne profitent pas aux investisseurs qui ont permis leur avènement.

Il cite des secteurs tels que la radio et la télévision, qui ont sans aucun doute changé nos vies, mais qui ont oublié de récompenser leurs actionnaires.

Quel genre de fille inviteriez-vous au bal de fin d'année ? Celle qui vient d'arriver dans votre lycée, à la beauté éblouissante mais que personne ne connaît réellement ? Ou inviteriez-vous la « fille d'à côté » ? « Misez sur la fille d'à côté » conseille Buffett. Ne succombez pas aux sirènes de la nouvelle entreprise « sexy » affublée de séduisantes perspectives de croissance. Les facteurs qui la rendent attrayante sont ceux-là mêmes qui rendent particulièrement délicates les estimations concernant son évolution sur le long terme. Bien entendu, une entreprise « glamour » peut connaître un succès spectaculaire à court terme mais, au final, elle est susceptible de faire un fiasco.

Qu'en est-il de ces sociétés de briques, de peintures, de tapis et de meubles ? De ces sociétés comparables à la « fille d'à-côté » ? Il est probable qu'elles seront encore là dans les cent prochaines années car il s'agit d'entreprises dont les produits sont très peu susceptibles d'être frappés d'obsolescence. Toutes conserveront un avantage concurrentiel sur le long terme ainsi qu'une capacité bénéficiaire constante. « Pensez en termes d'une trentaine d'années, préconise Buffett. Trente années de bons résultats, cela signifie que l'on a affaire à une excellente société. Alors que trois années ne veulent rien dire. »

Les sociétés suivantes : Etoys.com, Cyberrebate.com, Webvan.com, Kozmo.com, Pets.com, Planetrx.com, Rx.com, ou Pandesic.com qu'ont-elles en commun ? Elles ont incarné les succès faramineux du « high-tech » pendant un ou deux ans. Elles ont connu la gloire, rapidement suivie de l'échec. Webvan.com, entreprise en ligne de livraison de courses, affichait une capitalisation boursière de 7,5 milliards de dollars avant de faire faillite. Tentant à vous en couper le souffle ? Sans aucun doute. Un excellent investissement ? Seulement en cas de spéculation quasi-instantanée. Des centaines de milliards de dollars – la richesse de ses actionnaires – sont partis en fumée pratiquement du jour au lendemain.

La haute technologie est sans aucun doute parfaite, estime Buffett... pour les autres. S'il n'arrive pas à comprendre qui dans un secteur donné gagnera de l'argent, ni comment, il évite de s'engager sur cette voie. À l'inverse, lorsqu'il visualise le flux de revenus, il est bien plus enclin à y adhérer. Il est discipliné. S'il ne comprend pas l'activité, si l'entreprise est trop complexe ou difficilement prévisible, il garde son argent dans sa poche. Cette discipline est un axe fondamental de la philosophie du *value investing* que prône Buffett. Soyez prudent face aux entreprises inhabituelles qui se donnent des airs de réussite facile et rapide. Et, si de grands changements s'annoncent à l'horizon pour une entreprise, ne vous en approchez pas. Si vous ne voyez pas exactement comment et quand cette entreprise gagnera de l'argent – d'une manière que vous estimerez satisfaisante – gardez vos distances.

Une année, en 1998, Buffett a entrepris d'examiner le « guide de l'investisseur » publié par le magazine *Fortune* et qui comportait une évaluation de la performance d'un millier de grandes entreprises. Il a remarqué que les premières places du classement étaient occupées par les entreprises les plus banales. Il y avait là une parfaite illustration de la fable de La Fontaine « Le lièvre et la tortue ». Et, tout comme dans la fable, c'est la tortue gagnait la course. En termes de rentabilité, les entreprises aux activités rébarbatives battent les sociétés « sexy » et « glamour ».

Ne cédez pas à la tentation des transactions supposées vous enrichir rapidement et impliquant des sociétés relativement complexes (par exemple les sociétés de la haute-technologie). Elles s'avèrent les plus imprévisibles sur le long terme.

L'investissement dans une entreprise « high-tech » est comparable à l'envoi d'un ballon une centaine de mètres vers l'avant par un joueur arrière. De temps à autre, les résultats seront spectaculaires et les gains fantastiques mais, la plupart du temps, la passe n'arrivera pas au destinataire. Buffett préfère faire monter le ballon au centre du terrain, le faire progresser de façon certaine de quelques mètres et en tirer toute une série d'avantages. Vince Lombardi, l'un des entraîneurs les plus fameux du football américain, avait de son côté opté pour l'approche suivante : « mieux vaut la certitude d'un bon résultat que l'espoir d'un excellent résultat. »

Voici trois façons de perfectionner votre stratégie d'investissement :

Évitez les sociétés issues de secteurs en évolution. L'un des critères de Buffett consiste à acheter des titres dans des entreprises qu'il comprend, dont les modèles et la croissance des revenus sont prévisibles. Ne succombez pas aux « sirènes » des sociétés « tendance » qui règnent sur la Silicon Valley. Leur activité est trop difficilement prévisible sur le long terme. Si vous avez des doutes, consultez la rubrique nécrologique de la nouvelle économie. Vous y trouverez une illustration des dangers de l'investissement dans des sociétés stimulantes promettant une croissance inégalée.

Investissez dans les entreprises de la « vieille économie ». Buffett chérit les entreprises ennuyeuses et terre-à-terre. Tout simplement parce que ces entreprises sont susceptibles d'être dans le même métier d'ici plusieurs décennies. Étudiez les entreprises qui existent depuis un demi-siècle. Cela vous aidera à identifier celles qui seront encore là d'ici une cinquantaine d'années.

Souvenez-vous qu'il faut des décennies pour qu'une entreprise devienne excellente. La dernière leçon de cette partie de la stratégie de Buffett nous invite à procéder à une réflexion sur le long terme. Il n'y a que trop d'entreprises qui montent en flèche au cours de leurs premières années avant de retomber comme une masse quelques années plus tard. Tâchez d'écarter les entreprises qui risquent d'être « ébranlées » par une nouvelle technologie ou un nouveau concurrent.

▶ ***Recherchez l'absence de changements. Ciblez l'entreprise dont l'unique évolution future sera l'accélération de son activité.***

Chapitre 8
Concentrez vos investissements

Évitez ce que Buffett appelle le style d'investissement «Arche de Noé» : un peu de ceci, un peu de cela. Il est plus avisé de réaliser un nombre restreint d'investissements tout en allouant une somme supérieure à chacun d'entre eux.

La plupart des «experts» conseillent aux investisseurs de diversifier leur portefeuille: c'est-à-dire de détenir des titres dans de nombreuses sociétés à la fois. De cette manière, si un titre subit une chute des cours, cela ne pénalisera pas l'ensemble d'un portefeuille. Warren Buffett choisit d'aller dans la direction plus ou moins opposée.

La diversification, c'est-à-dire la multiplication des entreprises dont on détient des actions, n'est pas nécessairement, selon Buffett, la bonne manière d'investir. Sa stratégie consiste au contraire à privilégier la concentration des titres. Il aime limiter le nombre d'entreprises dans lesquelles il investit et placer d'importantes sommes dans chacune d'entre elles. Si vous avez repéré les bons titres, pourquoi n'en acheter qu'une petite quantité? «Trop d'une bonne chose est merveilleux» avait coutume de dire Mae West, star d'Hollywood de l'après guerre. En quelque sorte, Warren Buffet a épousé cette philosophie.

La concentration – à l'inverse de la diversification – est donc l'un des éléments clés de la stratégie d'investissement de Warren Buffett. Là encore, vous ne serez pas surpris de constater qu'il s'inscrit *a contrario* de la sagesse populaire de Wall Street.

La plupart des courtiers vous inviteront à diversifier votre portefeuille d'investissements. « Ne mettez pas tous vos œufs dans le même panier » conseillent-ils. « Protégez vos mises. » Ils préfèrent vous voir suivre l'exemple de Noé, détenir deux actions de chaque société envisageable. Buffett n'est pas d'accord. Achetez des blocs aussi importants que possible d'actions, dans la limite de vos possibilités, émises par 5 à 10 entreprises, et faites-le au meilleur prix. Pourquoi miser sur une entreprise que vous avez placée en vingtième position dans votre liste de favoris, demande Buffet, plutôt que sur les cinq ou dix premières ?

Lorsque Buffett est convaincu d'avoir identifié un bon investissement, il ne se retient pas. Au contraire, il va chercher à y consacrer des sommes tout à fait importantes. Par exemple, il a investi un milliard de dollars en actions Coca-Cola, représentant 200 millions de titres. Il a acquis 151 millions d'actions American Express. Il a acheté plus de 2 milliards d'actions PetroChina – la compagnie pétrolière chinoise – pour 488 millions de dollars. Ce dernier investissement, soit dit en passant, est aujourd'hui valorisé plus de 1,2 milliard de dollars.

En 2004, Berkshire Hathaway détenait des participations importantes dans seulement une dizaine de sociétés cotées.

Si vous êtes convaincu de la solidité des perspectives d'avenir d'une entreprise, soyez ambitieux et renforcez vos positions au lieu d'acheter des titres appartenant à la quinzième ou à la vingtième société sur votre liste d'investissements possibles.

À certains moments, ses positions majeures ne concernaient que cinq entreprises. Buffett a démontré de manière répétée qu'en achetant beaucoup de titres d'une bonne entreprise, et au bon prix, il tenait une stratégie – celle de la concentration – capable de faire des merveilles au fil du temps.

Charlie Munger, vice-président de Berkshire Hathaway, croit également aux vertus de la « non diversification ». Il va même plus loin, soutenant qu'« aux États-Unis, une personne ou une institution qui investit presque toute sa fortune, sur le long terme, dans seulement trois excellentes entreprises nationales a sa richesse assurée ». La patience et la non diversification, affirme Munger, expliquent le remarquable succès de Buffett et de Berkshire Hathaway.

Aussi, lorsque les courtiers vous poussent à diversifier vos placements et vous mettent en garde contre des investissements trop importants dans quelques titres seulement, car cela représenterait un risque majeur et construirait un portefeuille très déséquilibré, rappelez-vous que si Warren Buffett « pèse » aujourd'hui 44 milliards de dollars c'est en détenant directement 474998 titres dans une seule société : Berkshire Hathaway. De la même façon, la plus grande partie de la richesse de Benjamin Graham venait des actions qu'il détenait dans GEICO Insurance. Munger estime que, lorsque l'opportunité d'accéder à une « affaire exceptionnelle gérée par un dirigeant exceptionnel » se présente, c'est commettre une grande erreur que de ne pas y placer le maximum d'argent possible.

Pourquoi ne pas attendre de trouver une entreprise exceptionnelle à un prix exceptionnel et y effectuer un placement substantiel au lieu d'investir des montants dilués dans 27 OPCVM ou 27 titres différents ?

Comment tirer parti de cette stratégie de Buffett ? Mettez en pratique les trois conseils suivants :

En construisant votre portefeuille, tâchez de ne pas y inclure plus de 10 titres différents. Quoiqu'en disent les experts, Buffett est de l'avis que la diversification augmente les risques d'une moindre rémunération. Faites votre enquête et trouvez entre cinq et dix entreprises dans lesquelles vous aimeriez investir pour les cinq à dix prochaines années. Attendez ensuite que le prix de leurs actions tombe dans la fourchette que vous avez fixée. Le moment venu, achetez en confiance et – élément plus important encore – préparez-vous à faire preuve de patience.

Assurez-vous que les titres que vous achetez sont conformes aux critères de Buffett. Ils doivent représenter de bonnes et solides entreprises (à la limite de l'« ennuyeux ») dotées d'équipes de direction à toute épreuve. Étudiez les résultats de chaque entreprise sous sa direction actuelle. Et ne commencez pas à vous agiter sur votre siège. Attendez que les titres soient à des prix attractifs.

Faites preuve de courage. Un grand nombre des placements majeurs de Buffett ont été courageusement réalisés dans des périodes de repli économique et financier, où tout le monde était gagné par la paralysie.

▶ ***La concentration du portefeuille – stratégie opposée à celle de la diversification – a aussi le mérite de rendre les idées claires. Comment cela ? Si vous mettez tous vos œufs dans quelques paniers seulement, vous êtes bien moins susceptible de faire des placements sous le coup de l'impulsion ou de l'émotion.***

Chapitre 9

Pratiquez l'inactivité au lieu de l'hyperactivité

Parfois, en matière d'investissement,
ne rien faire est un signe de clairvoyance.

L'énergie dépensée en une journée à la Bourse de New York est vraiment remarquable. Plus d'un milliard de titres changent de mains, et il s'agit seulement d'une moyenne.

Cette frénésie se communique souvent aux autres intervenants sur la scène de l'investissement. Il y a des spéculateurs « à la séance » ou « à court terme » qui achètent des titres avec l'intention de les revendre quelques jours plus tard. Il y a des milliers d'OPCVM et autres institutions financières se comportant comme des derviches tourneurs, peaufinant fébrilement leurs portefeuilles, quotidiennement, hebdomadairement ou mensuellement.

Même l'investisseur individuel est affecté. L'un des mythes communs sur l'investissement, construit au fil du temps, est qu'il faut des transactions fréquentes pour réussir. Mais il y a au moins un investisseur légendaire qui est une remarquable exception au sein de toute cette hyperactivité. Warren Buffett, sans doute le plus grand investisseur de tous les temps, ressemble davantage à Rip Van Winkle[1] qu'à un derviche tourneur. Il parle de l'inactivité comme d'un « comportement intelligent ». Il affirme, non sans raison, qu'un investisseur sage peut gagner de l'argent tout en dormant. Il célèbre la léthargie et la considère comme l'un des fondements de sa philosophie d'investissement.

Léthargie ? Inactivité ? Le sommeil qui ouvre la voie à la richesse ? Comment est-ce possible ? L'investissement n'est-il pas un univers sensé avancer sur les chapeaux de roues ?

En un mot comme en cent : « Non ». Buffett fuit comme la peste ce qu'il appelle l'« hyperactivité ». Pour lui, ne rien faire équivaut à bien faire lorsque vous détenez les bons titres. Une étude de 2004 sur les six valeurs dont Buffett détenait le plus de titres nous révèle qu'il faut remonter à 2000 pour le voir modifier sa position concernant Moody's, à 1998 pour American Express, à 1994 pour Coca Cola, à 1989 pour Gillette, et jusqu'en 1973 pour la Washington Post Company. Il ne s'agit pas là d'un schéma de comportement de nature à rendre Buffett sympathique aux yeux des courtiers !

Buffett aime acquérir des titres, mais les revendre est une autre histoire. Il compare l'investisseur qui vend facilement à une abeille butinant une fleur après l'autre. Si vous êtes sur la bonne fleur, conseille-t-il, restez-y. Ne cédez pas à la tentation de l'hyperactivité.

Buffett a réussi grâce à la patience et à l'inactivité, alors que la plupart des investisseurs se montrent particulièrement impatients et hyperactifs. Buffett croit, quant à lui, que les transactions fréquentes peuvent nuire gravement à votre richesse. Un grand nombre de transactions engendre des « coûts de friction », tels que les commissions et les impôts sur les plus-values, alors que la détention à long terme de ces titres vous évite ces coûts.

---

1 NdT. Personnage né sous la plume de Washington Irving. Rip Van Winkle dormit paisiblement pendant vingt ans au sommet d'une montagne après l'ingestion d'un breuvage. Lorsqu'il se réveilla la révolution américaine avait eu lieu.

Ne vous livrez pas à des transactions sans fondement. Les transactions fréquentes caractérisent les investisseurs trop agités, qui finissent par récolter plus de pertes que de gains.

De nombreux investisseurs ferment les yeux sur les implications fiscales des transactions fréquentes. Buffett ne cesse de marteler ce point, soulignant que pour un même taux de rendement composé, les contribuables (c'est-à-dire la plupart d'entre nous!) sont bien mieux lotis en demeurant fidèles aux titres d'une entreprise plutôt qu'en passant continuellement d'une entreprise à l'autre. Les retombées fiscales absorbent les rendements nets des investisseurs.

John C. Bogle – le légendaire fondateur de la famille de fonds mutuels Vanguard et un grand fan de Buffett – mène la même campagne. Il a passé plus d'un demi-siècle à mettre en garde tous ceux qui voulaient bien l'écouter contre les coûts cachés de l'investissement. Outre les commissions et impôts, Bogle évoque d'autres coûts associés à l'investissement et que la plupart des investisseurs particuliers ignorent.

Ainsi, les fonds avec frais de souscription ou «load funds» non seulement vous facturent plusieurs points de pourcentage en guise de commission mais aussi – compris dans le prix des actions – des coûts de transaction, de gestion, et ainsi de suite. À l'instar d'un impôt, ces coûts cachés grignotent les rendements nets des investisseurs sur le long cours. Toutefois, la plupart d'entre eux ignorent que ces frais leur sont facturés. Plus il y a de transactions, explique Bogle, plus il y a de pertes. Il assimile les transactions fréquentes aux tables de jeux de Las Vegas: au final, celui qui gagne c'est le casino.

Pour d'excellents investisseurs comme Bogle et Buffett, l'inactivité signifie des achats et des ventes peu fréquentes, mais cela signifie également autre chose: attendre aussi longtemps que nécessaire qu'émerge une opportunité d'achat. Si, pendant un an, aucune opportunité ne se présente, Buffett ne bouge pas en attendant qu'émerge un occasion, et peu importe le temps d'attente. En 2004, Buffett n'a réalisé aucun investissement majeur. Il y a quelques années, il avait estimé que 50 des 61 années qu'il avait passées dans l'investissement lui avaient apporté de bonnes opportunités d'investissement. Inversement, cela signifiait aussi que pratiquement une année sur cinq – soit 20 % du temps – il n'y avait rien d'intéressant à acheter. Donc, si vous avez du mal à vous souvenir de la dernière fois où vous avez laissé passer toute une année sans rien acheter, il se peut que vous n'opériez pas d'une manière optimale.

Comment pouvez-vous vous prémunir contre la fébrilité boursière et les transactions excessives ? Essayez ces règles de conduite définies par Buffett :

Devenez un spéculateur « sur dix anse », plutôt que « sur dix heures » ou sur le court terme. Souvenez-vous du côté van Winkle de Buffett ! La clé de l'investissement consiste à être gagnant sur le long terme. Conservez longtemps les titres des entreprises de qualité et vos résultats surpasseront la grande majorité de ceux des investisseurs plus actifs.

Ne confondez pas activité et accomplissement. Buffett incarne cette règle de conduite, rendue populaire par John Wooden, l'inoubliable entraîneur de l'équipe de basketball de l'UCLA. Ne cédez pas à la panique. Ne rejoignez les foules anxieuses qui réalisent des transactions histoire de faire quelque chose. Si vous constatez que vous prenez ce chemin, trouvez-vous un autre passe-temps !

Prenez garde aux coûts cachés. Dans l'univers de l'investissement, peu de choses sont gratuites. Toutefois, vous pouvez vous défendre sur le long terme, en esquivant les coûts et en minimisant les impôts. Cela signifie ne pas devoir régler des commissions importantes sur les opérations concernant les actions comme les OPCVM. Cela signifie éviter les échanges fréquents. Cela implique aussi de rester patient afin de permettre l'accumulation de vos gains. Enfin, cela signifie poser beaucoup de questions, lire de nombreux documents sur les différents titres et fonds, et ne pas se précipiter après avoir entendu quelque tuyau « en or » à la radio. Restez fidèle à votre programme.

► ***Si vous avez des doutes, adoptez l'attitude léthargique. Il vaut mieux faire une bonne sieste que de se démener en tout sens et supporter le coût des frais annexes.***

Chapitre 10
Oubliez les cours en temps réel

Les cours en temps réel sont disponibles pratiquement partout. Mais l'investissement est beaucoup plus qu'une simple histoire de cours.

Le plus grand investisseur au monde possède-t-il un système sophistiqué de suivi des cours ? Non. Mais, alors, comment fait Warren Buffett pour suivre heure après heure, jour après jour, les évolutions des cours de la Bourse ? Eh bien, tout simplement, *il ne le fait pas*. Mais, alors, comment fait-il pour suivre les évolutions mensuelles ou annuelles ? En fait, *cela ne l'intéresse pas beaucoup non plus*.

Mettez cela en parallèle avec une salle de marchés ou un site internet où les cotations sont affichées sur l'écran dans une cascade ininterrompue de cours, de ratios et d'évaluations au dixième de centime. De nombreux investisseurs « actifs » (ceux qui pratiquent de fréquentes opérations sur titres) suivent les évolutions des cours minute après minute, comme si leur vie en dépendait, et attachent une grande importance au moindre écart de cotation.

Question : Que serait un spéculateur « à la séance », un *day trader* comme on les appelle, sans l'affichage des cours en temps réel ?

Réponse : Il ne serait pas un day trader.

En défenseur convaincu du *value investing*, Warren Buffett ne s'intéresse tout simplement pas aux évolutions des cotations sur le court terme. Dès lors qu'il possède des titres dans des entreprises de qualité, le court terme ne compte pas, et le long terme coule de source. L'unique exception à cette règle serait une baisse significative des cours, offrant à Buffett une chance d'acheter plus d'actions à un prix réduit. Lorsque les actions sont soldées, Buffett est toujours intéressé.

Encore une fois, Buffett observe d'un œil expert la performance de l'entreprise. Il privilégie sa valeur intrinsèque et ses perspectives d'avenir, au détriment du cours de ses actions. La plupart des personnes se focalisent sur le contraire, ce qui se traduit par une obsession de constamment vérifier les cours et le volume des échanges journaliers.

Mais il s'agit là davantage d'une méthode pour vous faire perdre la raison plutôt qu'une recette pour vous faire gagner de l'argent. Contrôler les cours chaque jour risque de provoquer de brusques sautes d'humeur : une hausse des cours suscitera chez vous un sentiment d'exaltation tandis qu'une chute des prix vous plongera dans la tristesse. Et, lorsque ces sautes d'humeur commencent à affecter vos décisions d'achat et de vente, des choses très négatives peuvent se produire.

Libérez-vous de vos dépendances. Fuyez les cours en temps réel. Abstenez-vous de contrôler le cours des actions chaque jour.

Buffett assure qu'il n'a pas regardé le cours des actions See's Candies depuis qu'il en acheté en 1972 – il y a 35 ans ! – et il n'en voit pas la nécessité. Il remarque que les gens réussissent à survivre pendant le week-end sans leur « dose » de cours boursiers. L'investisseur évolué, dit-il, ne présenterait aucun symptôme d'abstinence si la Bourse fermait un an ou deux. Si votre portefeuille est solidement construit, pourquoi vous agiter à propos des variations de cours ?

Au lieu de garder l'œil rivé sur les évolutions des prix de ses titres, l'investisseur ferait bien mieux d'utiliser son temps à suivre la performance de l'entreprise : sa gestion, son résultat, sa capacité d'autofinancement, ses perspectives d'avenir, et ainsi de suite. Saviez-vous qu'en 1960, Wal-Mart affichait un chiffre d'affaires de 1,4 million de dollars et un bénéfice de 112 000 dollars ? En 1980, son chiffre d'affaires s'élevait à 1,2 milliard de dollars et ses bénéfices à 41 millions de dollars. En 1990, son chiffre d'affaires atteignait 26 milliards de dollars pour un bénéfice de 1 milliard de dollars. Pour Buffett, c'est le point central. Le cours du titre finit par refléter la valeur de l'entreprise. Toutefois, ce cours futur ne sera pas alimenté par l'hystérie d'aujourd'hui, mais par les bénéfices de demain. Il compare l'investisseur au spectateur d'un match. L'important est d'observer le terrain de jeu plutôt que le tableau des résultats. Qu'annonce la qualité de jeu de votre équipe quant à ses chances de gagner ses prochains matchs ? Et quel est le meilleur endroit pour évaluer ses chances ? Le terrain lui-même.

C'est la performance qui compte. Prenez le cas de figure suivant : si vous aviez acquis 100 actions Wal-Mart en 1970 au prix de 16,50 dollars l'une, vingt ans plus tard vous auriez eu en main un portefeuille composé du total exceptionnel de 51 200 actions (résultant de neuf opérations de division du nominal par deux) au prix de 62 dollars l'action. En d'autres termes, vos 1 650 dollars se seraient transformés en plus de 3,1 millions de dollars (d'après les chiffres cités par Sam Walton dans son livre *Made in America*, Bantam Books, New York, 1993). Stupéfiant, n'est-ce pas ? Mais cela ne s'est pas produit en conservant l'œil rivé sur le cours des actions, mais simplement grâce à une entreprise ayant réussi une performance spectaculaire.

En d'autres termes, si vous achetez des actions dans d'excellentes entreprises, le cours de la Bourse finira par valider vos choix. Benjamin Graham avait formulé les choses de la manière suivante : « Sur le court terme, la Bourse est une machine à voter mais, sur le long terme, c'est une machine à peser. »

Pour investir comme Buffett, changez vos habitudes. Efforcez-vous d'évaluer les chances de succès de votre investissement à l'aune de la performance de l'entreprise et non des actions.

Berkshire Hathaway encaisse chaque semaine 100 millions de dollars via ses activités. L'entreprise affiche une bonne performance, une direction et des perspectives d'avenir solides. Alors, quel intérêt y a-t-il à savoir ce qu'affichent les téléscripteurs à propos du cours de l'action Berkshire Hathaway aujourd'hui ? Si l'entreprise a de bons résultats, l'évolution du cours reflétera sa solidité sur le long terme. Observez les résultats d'exploitation des sociétés dans lesquelles vous investissez. Au final, les marchés sanctionneront vos investissements sur ces mêmes critères.

La fièvre du moment finira par retomber, les entreprises robustes émergeront du lot, et le cours de leurs titres sera élevé.

Que pouvez-vous pour acquérir des habitudes d'investissement comparables à celles de Buffett. Voici quelques conseils :

Coupez le son. Si vous écoutez chaque jour des programmes dont le thème est l'investissement – ces émissions débordant de conseils « en or » dispensés par des soi-disant « experts » médiatiques – éteignez votre récepteur. Encore une fois : débarrassez-vous de vos dépendances. Tout cela ne constitue qu'un bruit de fond. Le secret ne réside pas dans l'évolution des cours jour après jour mais bien dans la santé des entreprises dont vous envisagez d'acheter des titres.

Observez le terrain de jeu et non le tableau de résultats. Cessez de privilégier les cours et misez sur les fondamentaux : des facteurs tels que la capacité d'autofinancement, le bilan et les résultats prévisionnels. Ce sont eux qui détermineront le cours de l'action sur le long terme. Et si vous êtes un investisseur – et non un spéculateur boursier –, seul le long terme doit compter pour vous.

Connaissez la valeur de quelque chose plutôt que le prix de chaque chose. Le légendaire Phillip Fisher avait dit autrefois que la Bourse était « peuplée d'individus qui connaissaient le prix de tout et la valeur de rien ». Ne tombez pas dans ce piège : concentrez-vous sur la valeur, non sur le prix.

▶ ***Warren Buffett ignore le prix auquel sont échangés les titres de sa propre société, Berkshire Hathaway, pour une journée donnée. Il ignore également, car cela ne l'intéresse pas vraiment, ce qu'était ce prix la veille et ce qu'il sera le lendemain. Ce qui l'intéresse, c'est le prix de ce titre d'ici une dizaine d'années, car il donnera alors la mesure de la performance de l'entreprise et, par conséquent, sa véritable valeur.***

Chapitre 11

Considérez les reculs du marché comme autant d'opportunités d'achat

Les replis boursiers ne sont pas un mauvais coup du sort :
ce sont des opportunités d'achat.
Si la masse des investisseurs se déleste dans ces occasions de bons titres,
préparez-vous à ouvrir les bras à ces actions sous-estimées.

Un article typique paru dans un journal pendant l'été 2004 annonçait que l'indice Dow Jones avait « chuté de pratiquement 150 points », retombant à son plus bas niveau de l'année à mesure que les investisseurs « revendaient leurs titres en constatant les mauvais chiffres du chômage et la flambée des prix du pétrole » et qu'ils « se délestaient massivement de leurs titres pour la deuxième journée consécutive » tant ils étaient préoccupés par l'inflation et par la création d'un nombre décevant de nouveaux emplois, ce qui menaçait de « freiner la reprise économique pendant un bon laps de temps ».

Et ainsi de suite. Supprimez les chiffres du paragraphe précédent, et vous pourriez vous en servir comme modèle pour un grand nombre d'articles rédigés au cours de ces dernières décennies. Des événements négatifs se produisent dans le monde, et voilà que les marchés s'effondrent. Des événements positifs leur succèdent, et voilà que les marchés se redressent.

Puis, voilà qu'ils reculent à nouveau et que la Bourse – et son environnement immédiat – se met à paniquer. « Panique » est un mot qui a peut-être été banni du vocabulaire des marchés financiers, mais la réalité de la réaction de panique est toujours présente. La majorité de ceux qui ont placé leur argent en Bourse a horreur de voir chuter les cours. Ils voient les corrections boursières au mieux comme des revers, au pire comme des catastrophes. Apeurés, ils cherchent à « sauver les meubles » en se débarrassant de leurs titres.

Pourtant, lorsque les marchés s'effondrent, il y a au moins un investisseur qui ne revend pas ses titres et ne se précipite pas vers les sorties de secours. Encore une fois, Warren Buffett propose un contrepoint saisissant à la « sagesse » dominante de Wall Street. La plupart des gens vendent très précisément au mauvais moment : lorsque les prix chutent. Buffett, lui, est ravi lorsque les cours boursiers s'effondrent car cela crée des opportunités d'achat. Par extension, poursuit-il, les investisseurs avisés feraient bien d'apprendre à accepter la volatilité boursière. Si nous n'observions jamais de fortes oscillations – si nous n'avions pas ces plongeons qui font trembler les places boursières – nous ne verrions pas émerger ces grandes opportunités.

La plupart des grands investissements de Buffett ont été réalisés en période de marché baissier, alors que les cours des titres d'entreprises splendides (et moins splendides) s'étaient effondrés ou lorsque d'excellentes entreprises traversaient des difficultés passagères mais surmontables et que leurs titres étaient sous-évalués.

Washington Post, GEICO et Wells Fargo offrent des exemples de la manière dont Buffett se sert des chutes boursières pour investir dans l'avenir. En 1973, le marché boursier était fortement déprimé, et l'action du *Washington Post* ne valait plus que l'équivalent de 6 dollars (en prix ajusté pour tenir compte des divisions ultérieures du nominal). Buffett se précipita, injectant 10,6 millions de dollars dans la société.

Une bonne trentaine d'années plus tard, le prix de cette action atteint plus de 900 dollars. C'est la deuxième action la plus chère à la Bourse de New York, juste derrière le titre de Berkshire Hathaway lui-même. Encore une fois, Buffett a investi dans une entreprise solide au moment où ses titres se vendaient pour une bouchée de pain. C'est une discipline dans laquelle Buffett excelle. Il est constamment à la recherche d'actions sous-évaluées dont la valeur intrinsèque est supérieure à ce qu'affiche le cours. En d'autres termes, il est toujours à la recherche de billets d'un dollar vendus avec une réduction de 60%.

Recherchez des entreprises de qualité qui sont «soldées» pour des raisons autres que leurs fondamentaux sous-jacents ou la qualité de leur gestion.

En raison des caprices des marchés financiers, souvent dominés par l'avidité ou la peur, les titres d'excellentes entreprises voient parfois leurs cours s'effondrer, ce qui représente une opportunité magnifique de saisir leurs titres au rabais. Parallèlement, cela signifie que l'irrationalité du marché affecte des entreprises qui ne devraient pourtant pas «payer pour les autres». Quoi qu'il en soit, de là naît une opportunité à saisir de toute urgence.

En 1976, les actions GEICO chutèrent, passant de 61 à 2 dollars. La société se trouvait dans une situation pour le moins fragile du point de vue financier. Buffett était pourtant persuadé des possibilités de redressement de GEICO car elle possédait une importante «franchise», un atout concurrentiel qu'il était possible de défendre dans le secteur de l'assurance et une direction stable.

Par conséquent, Buffett se mit à accumuler des actions GEICO, investissant au final 46 millions de dollars dans la société. GEICO avait été «mal évaluée» d'après Buffett. Il ne lui restait plus qu'à concrétiser son investissement et à attendre qu'une évaluation plus juste soit publiée. Ainsi que nous l'évoquions précédemment, cette réévaluation finit par avoir lieu. Et la part de 46 millions de dollars de Buffett se transforma en une part valant un milliard de dollars.

En 1990, Buffett a racheté 5 millions d'actions Wells Fargo Bank d'un seul coup, à une époque où les titres bancaires se vendaient au rabais en raison d'une série de créances douteuses et d'un climat d'affaires défavorable. Wells Fargo connaissait des problèmes notamment en raison du repli du marché immobilier californien. Mais Wells Fargo plaisait à Buffett. Il appréciait son équipe de direction, son activité et, surtout, il aimait ses actions à petit prix.

La morale à retenir de ces histoires – et il y en a beaucoup d'autres – est que Buffett a acquis de nombreux titres d'excellentes entreprises à un moment où ils se vendaient au rabais en raison de la situation boursière ou économique. Pratiquement toute entreprise, quelle que soit sa solidité, traversera une difficulté à un moment ou à un autre, et verra le cours de son action baisser. Ce sera alors le meilleur moment pour acheter car, au bout d'un certain temps, le marché boursier reconnaîtra la valeur de la société et le prix de son action grimpera.

Ainsi que l'écrivait Benjamin Graham, le mentor de Buffett, « l'investisseur qui se permet de céder à la panique ou à une inquiétude mal placée, en raison des reculs injustifiés du marché boursier affectant son portefeuille, transforme de manière illogique un atout fondamental en un gros désavantage. Les fluctuations des cours ne peuvent avoir qu'un unique sens pour le véritable investisseur. Elles lui apportent l'occasion d'acheter intelligemment lorsque les prix chutent et de vendre avec sagesse lorsqu'ils bondissent ».

Comment injecter un peu de la « magie » Buffett dans vos propres techniques d'investissement ? Voici quelques suggestions :

Changez votre manière de voir les choses. Reprogrammez votre mentalité en tant qu'investisseur. Apprenez à aimer un marché en baisse car il ouvre des opportunités. Ne rejoignez pas la cohorte de ceux qui agissent sous le coup de la panique lorsque la Bourse chute.

Recherchez sans cesse la valeur. Les meilleurs investissements de Buffett ont été réalisés lorsque les cours des actions étaient en repli, dû à la situation boursière ou aux difficultés passagères d'une entreprise. L'astuce consiste à reconnaître la différence entre un revers temporaire et une faille véritable et fatidique dont souffrirait l'entreprise.

Lancez-vous lorsque les trois critères de Buffett sont réunis. Lorsque, dans votre champ de vision d'investisseur, il apparaît une entreprise solide, dotée d'un atout concurrentiel durable, d'une direction stable, et dont les titres se vendent « pour une bouchée de pain », lancez-vous » même si, pour débuter, vous n'achetez qu'un petit nombre de titres.

► ***Buffett affirme que les investisseurs ne sont pas perdants lorsque les marchés chutent. Les perdants, ce sont les « désinvestisseurs ». Alors, soyez comme Buffett : soyez un investisseur.***

Chapitre 12
N'essayez pas de frapper la balle à chaque fois

Que feriez-vous si vous deviez prédire l'évolution de chacun des titres composant l'indice Standard & Poor's 500 pour les prochaines années? Confronté à cette question, Warren Buffett – pourtant l'un des plus grands investisseurs de tous les temps – estime qu'il en serait incapable. Et si votre mission consistait à trouver un seul titre parmi les 500 susceptibles de se comporter favorablement? Dans ce scénario modifié, Buffett est plus confiant dans ses chances et pense qu'il trouverait la bonne affaire 9 fois sur 10.

Selon de nombreux experts boursiers auto-proclamés, être un investisseur à succès signifie prendre un grand nombre de décisions de placement au cours de sa vie. Warren Buffett est loin d'être de cet avis. Il affirme, en effet, qu'une bonne décision par an est déjà un objectif très ambitieux – difficile à définir mais suffisamment ambitieux pour garantir le succès.

Buffett aime recourir à la métaphore du baseball pour illustrer cette façon d'investir. Un investisseur est quelqu'un qui est à la batte, et vers qui des placements boursiers potentiels sont continuellement lancés. « Il ne doit pas essayer de frapper la balle à chaque fois » conseille de Buffett.

Il faut, au contraire, être patient, laisser passer quelques balles et attendre la bonne. Buffett a lu avec un grand intérêt le livre de Ted Williams, le célèbre batteur des Red Sox, intitulé *The Science of Hitting*. Aux yeux du non-spécialiste, détenir la batte consiste à frapper les balles et il faut par conséquent tenter de le faire à chaque fois. Mais Williams envisageait ce rôle du batteur comme un vaste paysage qui devait d'abord être visuellement réaménagé en un nombre de séquences spécifiques. Et ce n'est que lorsque la balle arrivait dans une très petite « séquence » – qu'il appelait la séquence « optimale » que Williams faisait swinguer sa batte de baseball.

Buffett est toujours dans ce rôle du batteur qui observe les balles qui passent. Mais il n'essaiera de frapper que les celles – en l'occurrence les titres – qui seront dans la séquence « optimale ». Cette séquence « optimale », ainsi que nous l'avons vu précédemment, est constituée d'entreprises excellentes dotées de solides perspectives de gains, placées sous la direction d'équipes capables et respectueuses de l'éthique, et dont le prix par action est attractif. Si les balles n'arrivent pas selon ce scénario et ne satisfont pas ces critères, il ne frappe pas.

Et, ainsi que nous l'avons déjà vu, il est capable d'attendre une ou deux années avant de faire un placement lorsqu'aucune des entreprises observées ne lui plait. Il a laissé s'écouler des années sans tenter de frapper la balle une seule fois. Ce n'est que lorsque tous les ingrédients sont réunis que Buffett frappera, et qu'il le fera d'une frappe puissante, en investissant d'importantes sommes d'argent. Quel résultat obtient-il alors ? Il remporte en général le grand chelem.

Dans l'univers de l'investissement comme dans beaucoup de sport, il existe une séquence « optimale » pour agir.

Buffett estime que l'une de ses plus grandes erreurs a été de ne pas investir massivement dans les actions Wal-Mart. Selon lui, il aurait pu gagner au minimum une dizaine de milliards de dollars s'il s'était précipité sur Wal-Mart, mais, l'époque, le prix des actions ne lui convenait pas. Buffett appelle ces erreurs d'appréciation des « erreurs par omission » : elles résultent de l'absence de frappe lors d'un lancer de balle particulier. Si Buffett se pardonne facilement ce genre d'erreurs, il est plus sévère avec lui-même dans le cas d'« erreurs de commission », à savoir des investissements massifs dans des titres qui s'avèrent décevants.

L'une des rares erreurs de commission de Buffett a été d'investir dans US Air. Elle lui a permis d'améliorer – mais à ses dépens – ses connaissances en matière de compagnies aériennes. De son point de vue, passer à côté d'un gain de 10 milliards de dollars avec Wal-Mart est sans doute moins douloureux que de perdre un montant inférieur sur US Air. Une erreur d'omission traduit une discipline à l'œuvre. Une erreur de commission reflète une mauvaise assimilation de cette discipline. Et, dans l'ensemble, force est de reconnaître que la moyenne à la batte de Buffett est plus qu'honorable. Au cours des quatre décennies passées à la tête de Berkshire Hathaway, les gains ont dépassé les pertes dans un rapport de 100 à 1.

En fait, Buffett est le Ted Williams de Wall Street. Un examen des investissements de Buffett année après année, entre 1987 et 2004, révèle que presque chacun de ses investissements – pratiquement à chaque fois qu'il a frappé la balle – a ostensiblement augmenté en valeur. Ainsi, son placement de 463 millions de dollars dans Wells Fargo vaut aujourd'hui 3,5 milliards de dollars. Son investissement de 1,4 milliard de dollars dans American Express vaut désormais 8,5 milliards de dollars.

En tant qu'investisseur, si vous êtes discipliné, si vous savez attendre d'avoir trouvé une entreprise dotée d'une excellente activité et d'une gestion enviable, dont les titres sont vendus à un prix attrayant, frappez la balle de manière à l'envoyer le plus loin possible, pour autant, bien sur, que vous en ayez les moyens et que vous puissiez en assumer le risque.

Pour réussir, il vous suffit de frapper deux fois au cours de votre carrière d'investisseur. Charlie Munger affirme que si vous supprimiez les 15 investissements majeurs du portefeuille de Berkshire Hathaway, vous vous retrouveriez avec une performance très moyenne. Quelles leçons en tirer ? D'une manière générale, il est difficile de faire franchir certaines limites à une mauvaise balle mais une bonne balle peut aller très loin.

Warren Buffett recommande de toujours garder à l'esprit une carte de pointage grâce à laquelle nous nous autoriserions à prendre une vingtaine de décisions d'investissement au cours de notre vie. À chaque fois qu'une décision d'investissement sera prise, la carte serait perforée. Selon Buffett, le concept de la carte de pointage nous oblige à réfléchir attentivement et longuement avant de procéder à un investissement. Cela améliore les chances d'obtenir un bon résultat tout en éliminant les décisions hâtives et prises sous le coup des impulsions. La qualité – et non la quantité – doit fonder la stratégie d'investissement.

Comment améliorer les probabilités de réussite de vos placements ? Voici quelques idées qui valent la peine d'être expérimentées :

Adaptez l'idée de la carte perforée de Buffett à votre propre portefeuille. Imposez une discipline à chacune de vos démarches en fixant une limite au nombre de vos investissements. Faites en sorte que chacune de vos décision compte en vous livrant à un travail d'analyse préalable, à l'observation des fondamentaux… et en étant patient.

Assurez-vous que la balle est dans la configuration optimale. Souvenez-vous que cette configuration optimale compte, selon Buffett, trois aspects importants : d'excellentes entreprises dotées de perspectives d'avenir solides en termes de bénéfices, gérées par une direction compétente et éthique, et dont les titres sont disponibles à bon prix.

Ne frappez pas trop tôt. Outre à limiter le nombre d'opérations que vous effectuerez, assurez-vous de toujours « prendre une position » (acheter des titres) au bon moment. Souvenez-vous que Buffett a parfois attendu des années avant d'investir dans une société donnée.

▶ ***Seuls quelques bons investissements sont nécessaires.***

Chapitre 13
Ignorez la « macro », privilégiez la « micro »

Selon Warren Buffett, les grands événements – les grandes tendances extérieures à l'entreprise – ne comptent pas. Ce sont au contraire les petits événements, ceux qui affectent un secteur d'activité en particulier, qui sont vraiment importants.

Saviez-vous que Warren Buffett, sans doute le plus grand investisseur au monde, ne permet pas aux facteurs macroéconomiques d'affecter ses décisions? Comme il le dit lui-même, il n'est pas « du genre macro ». Si le président de la FED chuchotait à son oreille gauche tandis que le secrétaire d'État au trésor ferait de même à son oreille droite, lui révélant leurs visions de l'avenir, Buffett n'écouterait probablement pas. Car il serait en train d'observer les entreprises qui l'intéressent.

Pensez-y: l'approche conventionnelle consiste à se fonder largement sur les événements macro-économiques au moment de prendre des décisions de placement. Des variables telles que les indicateurs économiques, la croissance de l'économie, les mises en chantier d'habitations, et la vie politique dominent les raisonnements de la plupart des investisseurs. Les informations disponibles partout et à tout moment regorgent d'analyses et de conseils financiers fondés sur les événements macro-économiques.

Ainsi, au printemps 2004, un journal financier pouvait dispenser les conseils suivants: « Attendez-vous à tel type de réaction du marché, liée notamment à la tenue des Conventions nationales du parti démocrate et du parti républicain, des Jeux olympiques de cet été, ainsi qu'à la tension permanente en Iraq. Ces manifestations sont susceptibles de ne pas favoriser la dynamique économique nécessaire, alors n'hésitez pas à prendre vos bénéfices le cas échéant ou mettez en place vos ordres à seuil de déclenchement. »

Pendant la même période, un autre expert observait : « En raison de l'appréhension que suscite la politique fiscale du sénateur John Kerry, des risques liés au terrorisme, de la hausse des prix du pétrole et de l'attente des résultats de l'élection présidentielle, la Bourse est gagnée par un sentiment d'incertitude et de nervosité. »

Dans l'ensemble, il s'agit d'une liste sacrément longue de variables à prendre en compte, n'est-ce pas ? « N'y prêtez aucune attention » conseille Buffett. Concentrez-vous sur l'arbre plutôt que sur la forêt. Ne vous intéressez pas à la destinée à court terme de la Bourse. Intéressez-vous aux perspectives à long terme des entreprises dans lesquelles vous avez investi (ou souhaitez le faire). Si vous passez du temps à vous poser des questions sur la situation de la Bourse dans un mois ou un an, Buffett vous dira qu'il s'agit tout simplement de temps perdu.

Demandez-vous sur quoi porte précisément votre analyse. Seriez-vous une sorte d'analyste de l'économie nationale ? Un analyste « boursier » ? Un analyste « financier » ? Si vous avez répondu « oui » à l'une de ces questions, vous faites fausse route selon Buffett. En revanche soyez – ou cherchez à devenir – un analyste d'entreprise.

Pour investir comme Buffett, vous devez ignorer les facteurs et événements macroéconomiques afin de vous concentrer sur les entreprises dans lesquelles vous envisagez d'investir. Analysez les perspectives d'avenir de leur activité, leur équipe dirigeante, et ainsi de suite. « Avoir des œillères » a souvent une connotation péjorative et signifie que l'on est borné. Mais, lorsqu'il s'agit d'analyser les choses, conseille Buffett, n'hésitez pas à porter des œillères et ne vous laissez pas distraire par les aspects macro-économiques.

Souvenez-vous des leçons des premiers chapitres. En tant qu'investisseur à la manière de Buffett, vous devez passer beaucoup de temps à vous forger une opinion éclairée sur une entreprise. Cela n'a aucun sens de remplacer une sagesse durement acquise, à propos d'une entreprise donnée, par une opinion non éclairée (une « supposition ») concernant l'économie. Faites confiance à votre sagesse !

Buffett aime dresser la liste de tous les facteurs « extérieurs » qui ont émaillé sa carrière d'investisseur : des facteurs tels que l'implication des États-Unis dans la guerre du Vietnam, la loi sur le blocage des salaires et celle qui a entraîné la réglementation des prix, votée par un président républicain conservateur, puis la démission de ce même président, des chocs pétroliers multiples, l'effondrement de l'Union soviétique, la chute du Dow Jones de 508 points en une seule journée, le taux de base bancaire proche de 20 pour cent, et l'oscillation du rendement des bons du Trésor entre 2,8 et 17,4 pour cent. Personne, affirme Buffett, ne possédait la boule de cristal capable de prévoir de tels événements. Et aucun de ces épisodes dramatiques n'a eu le moindre impact sur son approche de l'investissement.

En fait, raconte Buffett, certains de ses meilleurs achats ont été réalisés dans le contexte d'événements qui avaient conduit d'autres investisseurs à déserter la Bourse. Même après l'horreur des événements du 11 septembre 2001, Buffett n'a revendu aucun de ses titres. Au lieu de cela, il a fait savoir qu'il pourrait acheter des titres si les cours boursiers chutaient de manière significative. Il était dans la position de l'homme solitaire pendant ces jours tragiques, mais aussi dans celle de l'homme sage. Buffett prévoit que les décennies à venir apporteront leur lot de catastrophes – naturelles et autres – mais il n'y voit aucun motif pour cesser d'acheter des « entreprises de première classe » si l'opportunité se présentait.

Pour vous aider à vous fabriquer votre propre paire d'œillères de style Buffett, lisez les conseils suivants :

Ne jouez pas au spécialiste de l'économie si vous n'en êtes pas un. Votre mission en tant qu'investisseur ne consiste pas à analyser les chiffres fournis par l'État. En règle générale, ne laissez pas des facteurs macro-économiques ou des événements politiques vous dicter vos décisions d'investissement.

Ne cédez pas à la panique. Buffett n'a rien d'un Candide. Il comprend tout à fait qu'une nouvelle ère est née après les événements du 11 septembre 2001 (et après ceux du 11 mars 2004 en Espagne). Il comprend que certains événements, comme le terrorisme ou la guerre, peuvent affecter les cours boursiers sur le court terme. Mais il ne cède jamais à la panique.

Dans les semaines et les mois qui ont suivi le 11 septembre 2001, les marchés financiers ont été mis à rude épreuve. Mais, trois ans après, l'indice Standard & Poor (S&P) 500 enregistrait de nouveaux records sur les années précédentes. En cédant à la panique à ce moment-là – et de nombreux investisseurs ont été dans ce cas – vous auriez abandonné la place très exactement au mauvais moment du cycle. Alors, pas de panique !

Les événements macroéconomiques peuvent créer des opportunités. Même si vous ne devez pas privilégier les événements macroéconomiques, gardez l'œil ouvert quant aux opportunités que certains d'entre eux seraient susceptibles de créer. De temps à autre, un épisode extérieur, sur le plan macroéconomique, peut avoir un effet direct sur la microéconomie, sur le cours d'une action. Gardez toujours un œil ouvert afin d'identifier le moment où la chute d'un titre serait attribuable à un événement extérieur.

▶ ***Il est possible, admet Buffett, d'imaginer quelque cataclysme terrible au point de provoquer l'effondrement définitif des marchés boursiers (il indique l'utilisation d'armes de destruction massive par des terroristes comme faisant partie de ce type de scénarios catastrophe). Mais, en dehors de ces cas extrêmes, dit Buffett, les facteurs extérieurs n'ont pas grande importance et ils sont, de toute façon, impossibles à prévoir. Concentrez-vous donc sur ce que vous pouvez constater : le bon fonctionnement d'une entreprise.***

Chapitre 14
Étudiez de près la direction des entreprises

L'analyse débute – et parfois cesse –
avec la réponse à une question fondamentale :
qui dirige l'entreprise ?

Warren Buffett recherche d'excellentes entreprises dotées par ailleurs d'un excellent management. Par conséquent, ainsi que nous l'avons déjà vu, il n'investira pas tant que ces deux éléments (atout concurrentiel déterminant et excellente direction) ne seront pas réunis. Aussi, en tant qu'investisseur, il est important que vous évaluiez de près l'équipe dirigeante de toute entreprise dans laquelle vous envisageriez de placer votre argent.

Un ensemble de facteurs clés doit être examiné au début de votre évaluation :

1. L'équipe dirigeante travaille-t-elle pour les actionnaires, ou pour s'enrichir elle-même aux dépens des actionnaires (par exemple en s'octroyant des salaires excessifs, des primes, des options et d'onéreux avantages en nature) ?
2. Le management est-il économe ou agit-il à la manière d'un « panier percé » ?
3. L'équipe dirigeante se consacre-t-elle à la création de la valeur pour les actionnaires et à l'affectation rationnelle du capital ?

4. Le management rachète-t-il les actions au profit des actionnaires et évite-t-il les émissions de nouvelles actions qui dilueraient l'actionnariat ?
5. Les actionnaires sont-ils traités comme des partenaires ou comme des gogos ?
6. Le rapport annuel de l'entreprise adopte-t-il un ton franc et direct ou est-il nimbé d'un flou artistique ?
7. Le management paraît-il attaché à une comptabilité sincère ou à la dissimulation d'informations et des vrais chiffres ?

Avec le recul, de quoi avons-nous été les témoins dans les affaires Enron, WorldCom et HealthSouth ? Ces cas ont démontré le niveau de chaos et de destruction de valeur qu'il est possible d'atteindre lorsque des dirigeants placent leurs propres intérêts au-dessus de ceux de l'entreprise et des actionnaires. Ces épisodes ont démontré le péril que l'incompétence des dirigeants représente pour les actionnaires. Ou – soyons positifs – ils ont illustré l'importance de l'éthique et de la compétence dans la direction de l'entreprise. Lorsque Buffett réalise un investissement, il « fait affaire » avec les dirigeants de l'entreprise concernée. Aussi, l'investisseur n'a pas d'autre choix que de devenir le partenaire de personnes qu'il admire et dans lesquelles il a confiance.

Il est possible de faire une mauvaise affaire avec une personne estimable mais, soutient Buffett, il est impossible de réaliser une bonne affaire avec la mauvaise personne. D'ailleurs, pourquoi s'engager sur cette dernière voie ? Votre réputation risquerait d'en pâtir, et votre placement de courir des risques inutiles. Placez votre argent là où vous placez votre confiance.

En 2003, Buffett a perçu un salaire de 100 000 dollars de la part de Berkshire Hathaway. Pour cette même année, la rémunération moyenne d'un Directeur général d'une grande entreprise américaine (salaire de base et primes) dépassait les deux millions de dollars. Et cette somme n'incluait ni éventuelles options ni autres avantages en nature réservés aux dirigeants. La plupart des dirigeants ont largement tiré profit de ces nombreux avantages. Buffett n'a ni options, ni primes, ni généreux avantages en nature. En fait, 99,9 % de sa richesse réside dans les actions de sa société qu'il détient en propre.

Quelles en sont les implications ? Buffett gagne de l'argent lorsque ses actionnaires en gagnent aussi. Il considère ces derniers comme des partenaires, et chacune de ses décisions est motivée par le souhait de créer de la valeur pour l'actionnaire. Ainsi, l'émission de nouvelles actions étant de nature à diluer les avoirs des détenteurs de titres existants, Buffett n'emprunte que rarement cette voie et à contrecœur. Lorsque Buffett a pris le contrôle de Berkshire Hathaway, en 1965, on dénombrait 1 137 778 actions en circulation. Quarante années plus tard, il est surprenant de constater que le nombre d'actions Berkshire Hathaway de catégorie A en circulation reste inférieur à 1,4 million. Chez Berkshire Hathaway, la frugalité et la « conscience du coût » sont fortement enracinées dans la culture d'entreprise.

Charlie Munger affirme que « l'opulence du siège social est souvent inversement proportionnelle à la consistance financière de l'entreprise ». Le siège de Berkshire Hathaway à Omaha n'a rien d'impressionnant ni de « glamour » (et c'est un euphémisme). Si vous êtes à la recherche de locaux rénovés à coups de millions de dollars, ne vous donnez pas la peine d'aller jusqu'aux bureaux qu'occupe Buffett dans l'Omaha. En revanche, si vous recherchez de la consistance financière – le « glamour » des chiffres – vous y serez chez vous.

Sam Walton, fondateur de Wal-Mart, était connu pour son sens des économies et son manque d'ostentation au niveau de son entreprise. Voilà le type même d'entrepreneur que Buffett adore et avec lequel il cherche à s'associer. Ciblez des dirigeants qui sont davantage intéressés par la réduction des coûts que par l'installation de robinets plaqués or dans les toilettes de la direction (ou par des rideaux de douche à 6 000 dollars dont on rapporte qu'ils ont été achetés par un dirigeant sans scrupules).

La qualité du management est donc primordiale pour Buffett. Mais une bonne direction doit être associée à une bonne activité. Vous pouvez être le meilleur jockey au monde, vous ne gagnerez jamais la course sur le dos d'un vieux canasson. Ou alors peut-être dans un conte de fées, mais les bons investissements ne suivent pas la logique des contes de fées.

Évitez d'investir dans des entreprises faibles, y compris lorsqu'elles sont pourvues d'excellentes équipes de direction. Au final, la qualité de l'affaire prévaudrait et noierait le placement.

Buffett émet un certain nombre d'avertissements que les investisseurs devraient prendre en compte lorsqu'ils évaluent des entreprises et leurs équipes dirigeantes, notamment à travers leurs rapports annuels. Tout d'abord, étudiez leur comptabilité. Si elle souffre de faiblesses, passez votre chemin. Lorsqu'une société n'inscrit pas en charge les options qu'elle propose à ses cadres, présente des engagements de retraite fantaisistes, claironne son EBE (excédent brut d'exploitation), et s'appuie sur un déchaînement de notes inintelligibles de bas de page, vous êtes en présence de mauvais signes. Partons du principe que vous détenez au moins une capacité modérée en matière de lecture d'états financiers : si vous ne comprenez pas quelque chose dans l'état financier d'une entreprise, soutient Buffett, c'est parce que sa direction n'a aucune envie que vous compreniez. Êtes-vous à la recherche d'un partenaire qui vous cache des choses ? Certainement pas !

Par ailleurs, Buffett conseille aux investisseurs de se méfier des sociétés qui regardent exclusivement vers l'avenir à la recherche de « bonnes nouvelles ». Les bonnes nouvelles ne concernent-elles que des projections bénéficiaires et des estimations de croissance ? « Mauvais signe » dirait Buffett. Et, en disant cela, il s'appuie en partie sur sa propre expérience en tant que dirigeant. Les responsables de Berkshire Hathaway n'ont pas une idée précise de ce que l'une de leurs entreprises est susceptible de gagner au cours de l'année à venir – ni même du trimestre à venir. Lorsqu'un dirigeant prétend connaître l'avenir, avertit Buffett, c'est mauvais signe. Et lorsque ce dirigeant atteint vraiment ces résultats, trimestre après trimestre, c'est un très mauvais signe, qui laisse présager qu'il y a eu manipulation quelque part. Si vous promettez, de la manière la plus solennelle qui soit, de vous « arranger pour atteindre les résultats », vous risquez de vous mettre dans une position où vous finiriez par « arranger les résultats atteints », n'y gagnant qu'embarras et tristesse. Health-South avait suivi cette voie : son Président s'était vanté de 46 trimestres consécutifs de bénéfices supérieurs aux prévisions des analystes… jusqu'au moment où la fraude comptable a été découverte !

Les mauvais signes visibles sont les meilleurs indicateurs des mauvais signes invisibles. Une cuisine sale, explique Buffett, n'abrite pas un seul cafard. En voir un suffit pour vous faire comprendre qu'il y en existe d'autres cachés dans les murs. Si vous les soupçonnez d'être présents, il est très probable que vous ayez raison.

Enron a donné de nombreux signes d'avertissement – son équipe dirigeante a escroqué des millions d'actionnaires – alors examinez la qualité de la direction afin d'éviter les dommages provoqués par des dirigeants incompétents, malhonnêtes et cupides.

Pour vous garder de ces types de catastrophes et améliorer vos chances de réaliser un placement réussi, n'oubliez pas à chaque fois de passer par les étapes suivantes :

Étudiez l'équipe dirigeante avant d'investir. La qualité d'une direction est presque aussi fondamentale que celle de l'affaire sous-jacente. Buffett ne fait affaire qu'avec des personnes honnêtes et qu'il estime. Il n'a jamais tiré profit d'une société placée sous la houlette d'un management dépourvu de sens éthique.

Recherchez les sociétés qui traitent leurs actionnaires avec considération. Investissez dans les entreprises dont les dirigeants placent les exigences des actionnaires au-dessus de leurs propres besoins. Misez sur des sociétés qui mettent en place des programmes de rachat d'actions qui profitent aux actionnaires et des sociétés qui savent se montrer économes et se livrent à une affectation rationnelle du capital.

Évitez d'investir dans une société qui a l'habitude de recourir à des ruses financières ou comptables. Les failles dans une comptabilité laissent habituellement présager que le management s'efforce de dissimuler les failles de la performance d'une entreprise.

► ***Lorsque l'équipe dirigeante mise davantage sur l'apparence que sur la consistance de la performance, préconise Buffett, gardez votre argent dans votre poche.***

Chapitre 15
À la Bourse, le roi est nu

Wall Street, déclare Warren Buffett,
est le seul endroit au monde où des personnes
se rendent en Rolls Royce afin d'écouter les conseils
d'autres personnes qui prennent le métro.

Si nous devions faire une «promenade théorique» à travers Wall Street – c'est-à-dire en prenant des notes sur les différents concepts mis en œuvre sous nos yeux – nous trouverions que les méthodes de sélection des actions ne manquent pas. Vous pourriez même les trouver plus ou moins impressionnantes: analyse technique, détermination du moment propice ou «market timing», «day-trading» ou «trading intraday», théorie des vagues, oscillateurs, et d'autres encore. Toutes offrent des exemples de méthodes médiatisées supposées conférer à l'investisseur le pouvoir de déchiffrer le marché boursier et de connaître une réussite – spectaculaire, forcément spectaculaire – dans le cadre de ses placements.

D'où nous viennent toutes ces techniques? Principalement de deux sources: la filière universitaire et celle des professionnels de la finance, autrement dit de deux filières prestigieuses. Et les concepts ont quelque mérite, du moins à première vue. Prenez l'«analyse technique» par exemple. Ceux qui travaillent dans ce mystérieux domaine s'intéressent de manière presque exclusive aux données boursières. Ils observent les fluctuations des cours, les volumes échangés et les profils des graphiques illustrant la performance du cours de l'action, en partant de la théorie que d'une part, les cours boursiers résument tout ce qu'il est nécessaire de savoir à propos d'un titre donné et, d'autre part, qu'un individu isolé ne pourrait jamais égaler la sagesse collective.

Une théorie judicieuse ? Pas si vous choisissez le camp de Buffett ! Un analyste technique a une fois résumé la performance journalière de la Bourse de la manière suivante : « C'était un jour "avec" pour les traders, les indices majeurs connaissant une tendance baissière à la suite de la stratégie de la première heure qui a eu recours à un schéma flip-flop... les prix en hausse par rapport aux volumes en déclin vers la fin du mois et l'activité artificielle du lundi sur les titres s'ajoutant à l'intensification du niveau d'alerte terroriste ont rendu les indices vulnérables à un trou d'air. Les volumes de la Bourse de New York se sont établis à 1,4 milliard seulement... le retracement de 0,50 entre le sommet de la tendance haussière (45,78) et le bas de la tendance (17,32) du 2 octobre équivaut à 31,55 et le prix couvre à présent une amplitude de 17 jours de trading dans cette zone de retracement. »

Vous avez suivi ? Si vous n'y arrivez pas, ne vous en faites pas. Croyez-vous que le premier investisseur au monde, Warren Buffett, accorde le moindre crédit à un jargon aussi peu clair ? Aucun.

En tant qu'investisseur potentiel, vous serez constamment bombardé par différentes stratégies d'investissement basées sur les graphiques, le volume ou l'évolution des cours. L'on vous martèlera l'existence d'opportunités pour amasser une fortune du jour au lendemain. Allumez votre téléviseur ou votre ordinateur vers 3 heures du matin pour entendre ce type de messages.

Voici quelques exemples de ces offres alléchantes : « Découvrez un système de trading qui vous permettra de dégager des profits à deux chiffres sur chaque opération ou presque ! » ; « Une nouvelle méthode révolutionnaire... vous rapportera entre 34 et 45 % dès la première semaine », et ainsi de suite.

Heureusement, un homme a osé faire un pas en avant et affirmer ce qu'il était évident de voir : « Le roi est nu ! » Warren Buffett estime que toute analyse de placements fondée uniquement sur des graphiques, le volume des transactions et l'évolution des cours n'est rien d'autre qu'une énumération de balivernes et de sottises.

Au risque de souligner l'évidence, l'analyse technique se fonde sur un concept à l'opposé de celui sur lequel Buffett construit son analyse d'investissement. L'analyse technique représente la priorité octroyée au volume, aux graphiques et aux évolutions des cours dans le choix des actions. Buffett représente la priorité donnée à la valeur d'une entreprise.

Bien évidemment, les défenseurs de l'analyse technique se précipiteront pour donner des exemples de la force de leur modèle. Et, bien évidemment, il y aura quelques cas isolés dans lesquels des investisseurs ont gagné le pactole du jour au lendemain grâce à l'analyse technique. Mais je ne connais aucun analyste technique qui « pèse » 44 milliards de dollars. Alors qui préférerez-vous croire ?

J'encourage les candidats à l'investissement intéressés par la réussite à long terme à lire l'article de Buffett intitulé « Les superinvestisseurs de Graham et Doddsville » dans le livre de Benjamin Graham *L'investisseur intelligent*. Ce texte aborde la réussite d'un groupe d'adeptes du *value investing* qui ont étudié sous Benjamin Graham et David Dodd et qui ont constamment « surperformé » l'indice Standard & Poor's (S&P) d'une année sur l'autre.

Ces investisseurs, rapporte Buffett, sont à la recherche d'écarts entre la valeur d'une entreprise et le prix de petits morceaux de cette entreprise sur le marché. Il s'agit presque de l'exact contraire de l'analyse technique, avec son obsession des modèles, schémas, données et ainsi de suite. Les investisseurs intelligents, affirme Buffett avec force, ont l'obsession de la valeur.

Le *value investing* n'a rien d'une pratique « sexy ». Dépourvu de glamour, il ne présente pas de défi particulier du point de vue purement intellectuel. En fait, il s'avère lent, laborieux, voire ennuyeux : un travail de tortue, et non pas de lièvre. En tant que tel, il n'apporte pas l'excitation que les traders actifs aiment tant. Et il ne prétend pas offrir une garantie de succès, garantie que les « adeptes des graphiques » n'hésitent pas à mettre en avant.

Toutefois, les résultats obtenus par Buffett et les investisseurs ayant adopté le style Graham et Dodd parlent d'eux-mêmes. Le *value investing* propose à l'investisseur un cadre intellectuel qui a fait ses preuves. Dit simplement, pratiquer l'investissement à la manière de Buffett exige que vous ignoriez les méthodes qui n'ont ni queue ni tête. Oubliez les stratégies d'investissement au style compliqué, à la mode, qui vous en apprendront bien peu sur l'entreprise sous-jacente.

Voici trois recommandations qui vous aideront à comprendre ce qui est réellement important au moment de prendre vos décisions d'investissement :

Ignorez les graphiques. Le *value investing* ne s'intéresse pas aux graphiques. Buffett vous invite formellement à ne pas regarder les graphiques boursiers dans le cadre de votre prise de décision d'investir. Ignorez les amateurs de graphiques qui prétendent avoir appris à choisir les bons titres en se basant sur le volume et l'historique des cours.

Si quelqu'un prétend détenir une méthode « à toute épreuve » pour s'enrichir grâce à la Bourse, précipitez-vous vers la sortie de secours la plus proche. Rappelez-vous que les secrets d'un investissement réussi sont la patience et la discipline.

Investissez à la manière de Benjamin Graham. Graham conseillait aux investisseurs de « chercher les écarts entre la valeur d'une entreprise et le prix de petits morceaux de cette même entreprise sur le marché boursier ». Il y voyait la clé du *value investing*, une clé bien plus productive que de risquer le mal de tête en étudiant des centaines de graphiques boursiers.

▶ ***Les brochures émanant de la plupart des OPCVM précisent – en tout petits caractères – que les résultats passés ne constituent nullement une garantie de réussite future. Buffett dirait la même chose à propos de la Bourse : si les archives indiquaient le chemin vers la richesse, certains documentalistes auraient pu devenir riches.***

Chapitre 16

Pratiquez la pensée indépendante

Lorsque vous investissez,
vous devez penser de manière indépendante.

La faculté de penser de manière indépendante est l'un des atouts majeur de Warren Buffett et il nous recommande de suivre son exemple. Cela peut paraître un truisme. Bien évidemment que nous devons penser par nous-mêmes, n'est-ce pas ? Eh bien, en réalité, nous sommes nombreux à nous livrer à ce qui pourrait s'appeler la « pensée dépendante », en vertu de laquelle nos opinions sont façonnées principalement par ce que pensent les autres. Il ne s'agit pas alors de pensée indépendante, mais d'imitation dénuée de réflexion.

Ayant atteint le statut d'une quasi-célébrité, Buffett est constamment sous les feux de la rampe et, par voie de conséquence, de nombreuses louanges ou critiques lui sont adressées en réaction à ses décisions d'investissement. Toutefois, Buffett ne se fonde pas sur une validation venue de l'extérieur lors de ses prises de décision. Il demeure inébranlable face aux louanges comme aux désapprobations émanant d'autrui.

Buffett a appris une leçon très importante auprès de Benjamin Graham : « Vous n'avez ni tort ni raison parce que les autres sont d'accord avec vous. Vous avez raison parce que vos arguments et votre raisonnement sont justes. » Qu'il y ait de nombreuses ou d'importantes personnes avec ou contre vous, ne vous donne ni raison ni tort. C'est une réflexion juste fondée sur les données justes qui fait en sorte que vous soyez dans le vrai.

C'est le cœur même de la pensée indépendante : l'utilisation des faits et du raisonnement pour arriver à une conclusion, que d'autres vous donnent tort ou raison.

Un bref retour en arrière, sur la période de l'éclatement de la bulle Internet, nous prouve la valeur de la pensée indépendante et illustre à quel point la réflexion fondée sur les faits et le raisonnement est supérieure à la pensée fondée sur l'opinion publique dominante. La gigantesque bulle spéculative constituée autour des valeurs technologiques correspond à une période incroyable de l'histoire boursière récente. En ces temps grisants, l'avènement d'un secteur nouveau et stimulant (et de ses domaines dérivés) allait donner naissance à des centaines d'entreprises et faire des milliers de millionnaires.

L'un des aspects les plus remarquables à propos des sociétés de l'Internet et de la haute-technologie a bien entendu été la hausse stratosphérique du cours de leurs titres et, de ce fait, celle de leur capitalisation. Certaines sociétés de l'Internet, âgées d'un ou de deux ans à peine, valaient davantage que bon nombre des 500 plus grosses entreprises américaines recensées dans le fameux classement Fortune 500, pourtant établies depuis bien plus longtemps. Ainsi, l'action etoys.com affichait un cours de 86 dollars et l'entreprise atteignait une capitalisation de 10 milliards de dollars. Celle de Webvan.com avait atteint 7,5 milliards.

Inutile de préciser que des millions d'investisseurs dégageaient des gains fabuleux grâce à la détention de ce genre de titres. Les gens s'enrichissaient, et ils le faisaient très rapidement. De son côté, Berkshire Hathaway ne traversait pas une période aussi faste à cette époque, ce qui ne manquait pas d'avoir des retombées sur le cours de son titre. Pourtant, en dépit des gains monumentaux affichés par les actions de la haute-technologie, Buffett se refusa à acheter le moindre titre Internet ou à participer à cette nouvelle « ruée vers l'or » de quelque manière que ce soit.

Ne rejoignez pas un troupeau déchaîné. Si vous le faites, vos investissements et vous-même risqueriez d'être piétinés.

De manière prévisible, Buffett ne tarda pas à faire l'objet d'une campagne de dénigrement. Les experts le ridiculisaient. Les actionnaires le critiquaient. Les médias s'en donnèrent à cœur joie en remettant même en question ses qualités d'investisseurs. Dans son édition du 27 décembre 1999, l'hebdomadaire financier *Barron's* titrait « Warren, qu'est-ce qui ne va pas ? Warren Buffett, l'investisseur américain le plus renommé, mord la poussière cette année. Sa société, Berkshire Hathaway, pourra-t-elle s'en sortir ? »

D'autres publications n'hésitaient pas à titrer : « Une légende depuis 30 ans voit son éclat se ternir », « Buffett serait-il lessivé ? » ou encore « La phobie de la technologie pourrait avoir raison de Buffett ». Nombreux étaient ceux qui pensaient que Buffett aurait dû investir dans les titres technologiques, et ne comprenaient pas qu'il laisse échapper toutes ces opportunités. Mais, en dépit de la désapprobation de la part du public – et du ridicule dont le couvraient les médias – Buffett ne changea pas d'avis et ne broncha pas.

Les données qu'il possédait et son raisonnement étaient limpides. Il ne comprenait pas les entreprises de l'Internet et préférait les voir de loin. Il n'arrivait pas à discerner, parmi toutes ces sociétés high-tech, celle qui pourrait développer un atout concurrentiel à long terme, ni quels auraient été leurs résultats dans une dizaine d'années. Il voyait aussi, derrière de nombreux cours des actions « high-tech », la psychologie irrationnelle de la Bourse à l'œuvre. Dans de telles circonstances, les cours des titres sont, selon lui, en réalité fixés par les spéculateurs les plus avides, les plus émotifs ou les plus déprimés – en d'autres termes, par des gens très éloignés de la réalité du long terme. Le résultat risque d'aboutir à des cours boursiers qui « n'ont aucun sens ».

En s'appuyant sur ces réflexions, Buffett avait décidé de ne pas investir dans ces sociétés, y compris dans un moment où des millions d'investisseurs s'arrachaient leurs titres à grand succès. Buffett estimait avoir raison car ses données et son raisonnement étaient justes. Il ne pensait pas se tromper simplement car la quasi-majorité lui donnait tort. Sa pensée indépendante serait vengée ultérieurement, lorsque la formidable bulle éclaterait et que les titres « high-tech » s'effondreraient.

Dans le sillage de l'éclatement de la bulle, la plupart des sociétés Internet ont fait faillite et le Nasdaq, cotant une majorité de sociétés technologiques, a connu une chute de plus de 75 % en valeur. Des centaines de milliards de dollars boursiers sont parties en fumée. Que serait-il arrivé si Buffett s'était rallié à l'opinion publique et avait rejoint le « troupeau » Internet ? Une imitation des autres dénuée de réflexion lui aurait coûté cher.

En se basant sur des expériences telles que celle-ci, certains investisseurs concluent que la stratégie de placement à contre-courant est supérieure à la « stratégie du mimétisme ». Les « investisseurs à contre-courant » se contentent de courir dans la direction opposée à celle dans laquelle se déplace la masse. Mais, encore une fois, Buffett n'est pas d'accord. Si la masse a emprunté la mauvaise voie, partir dans la direction opposée pourrait s'avérer tout aussi nocif. Ce type d'investissement est en effet fondé sur des « sondages », sur des modélisations chiffrées, et non sur la réflexion, estime Buffett, et toute stratégie de placement qui privilégie les sondages par rapport à la réflexion est forcément une mauvaise stratégie.

L'important est de réfléchir de manière claire et indépendante. L'enjeu est d'envergure. Buffett aime citer le philosophe Bertrand Russell : « Bien des gens préféreraient mourir plutôt que de penser. C'est d'ailleurs ce qu'ils font. »

La leçon à retenir grâce à Buffett est qu'il est important de fonder ses décisions de placement sur des faits et sur le raisonnement. Ne prenez jamais une décision parce qu'elle est « dans l'air du temps ou au contraire « à contre-courant ».

Ne remplacez jamais la réflexion indépendante par la sagesse populaire. Ne suivez pas la masse. Réfléchissez par vous-même et prenez vos propres décisions en matière de placement. Ne vous laissez pas influencer par les autres et ne prenez pas une décision au motif qu'elle est « tendance ».

Faites de la réflexion indépendante l'un des atouts majeurs de votre portefeuille. Être intelligent ne suffit pas, rappelle Buffett. De nombreuses personnes dotées d'un QI exceptionnel font preuve d'une mentalité grégaire. La pensée indépendante est l'une des forces premières de Buffett. Prenez-en de la graine.

Ne soyez pas un investisseur à contre-courant irréfléchi. Pour Buffett, faire quoi que ce soit de manière irréfléchie est une erreur. Ne soyez pas grégaire en suivant la masse de façon irréfléchie et n'empruntez pas, non plus, la direction opposée simplement par esprit de contradiction. Ces deux voies nous montrent le chemin du danger.

▶ ***Rassemblez les données, prenez votre temps et réfléchissez, conseille Buffett. Il n'y a pas d'autre moyen !***

Chapitre 17

Restez dans votre cercle de compétence

Développez votre champ d'expertise
et agissez à l'intérieur de ce champ.
Ne vous inquiétez pas des opportunités
que vous pourriez rater à l'extérieur de ce champ.

Lorsqu'il s'agit de choisir les entreprises dans lesquelles investir, Warren Buffett est guidé par ce qu'il nomme son « cercle de compétence ». Et ce cercle n'admet en son sein que des titres et des secteurs d'activité par rapport auxquels il se sent suffisamment à l'aise pour s'impliquer.

Ainsi que précédemment mentionné, Buffett n'a pas investi dans les sociétés de la haute-technologie pendant le boom de l'Internet. Pourquoi ? Parce qu'elles se trouvent en dehors de son cercle de compétence. Et un grand nombre de secteurs, souligne Buffett, se trouvent à l'extérieur de ce cercle. Ni Buffett, ni son associé Charlie Munder ne se considèrent comme des experts en technologie de la puce électronique, en évaluation des contrats à terme sur marchandises, pas plus qu'en matière de prospection minière. Ce n'est pas leur métier.

Ils ne pensent pas être suffisamment compétents pour s'occuper de sociétés ou d'industries qui évoluent à vitesse grand V. Dans ses discours,

Buffett admet qu'il existe peut-être des personnes dotées d'une compétence prédictive qui les aide à décoder les perspectives à long terme des sociétés à évolution rapide, mais ce dont il est certain c'est de ne pas en faire partie. Privé de cette compétence, estime-t-il, il doit simplement se cantonner au domaine qu'il connaît.

Buffett observe une discipline rigoureuse vis-à-vis de son cercle de compétence. Il refuse de faire des placements en dehors de ce cercle, un point c'est tout. Et il résiste à la tentation d'élargir le cercle. En réalité, indique-t-il, la superficie de votre cercle de compétence importe peu. Ce qui importe c'est d'en connaître les limites et ne pas les franchir. S'égarer à l'extérieur de ce cercle signifie accroître le risque de commettre des erreurs de manière exponentielle. Voyez-vous quelque chose à l'extérieur de ce cercle – quelque chose de nouveau et d'excitant – vers laquelle l'ensemble du troupeau se précipite ? Gardez-vous bien de vous en approcher.

Depuis 1982 Buffett publie tous les ans dans ses rapports annuels une annonce concernant les « sociétés recherchées », exposant les caractéristiques des entreprises dans lesquelles il aimerait investir. Ainsi, il est à la recherche :

1. De grosses acquisitions (entreprises réalisant au moins 50 millions de dollars de résultat courant avant impôts).
2. D'entreprises qui ont prouvé leur capacité à accroître leur rentabilité de manière stable et régulière (des projections enthousiastes concernant les profits futurs ne l'intéressent pas).
3. D'entreprises affichant un bon rendement sur capitaux propres tout en ayant peu ou pas de dettes.
4. D'entreprises dotées de solides équipes dirigeantes.
5. D'entreprises simples (comprendre : « dont le produit n'implique pas une technologie excessivement complexe »).
6. D'un prix attrayant (une société dont l'« étiquette prix » est invisible serait une perte de temps pour Buffett).

Cette liste nous intéresse particulièrement dans le contexte de cet ouvrage car elle définit de manière spécifique le cercle de compétence de Warren Buffett, à savoir les domaines d'activité dans lesquels il est le plus à l'aise pour prendre ses décisions d'investissement. Il s'agit, en effet, ni plus ni moins de la *check-list* qui lui sert à contrôler si un investissement se trouve bien à l'intérieur de son cercle.

Si Buffett ignore tout des circuits intégrés, de la nanotechnologie et des gigaoctets, il comprend très bien la logique industrielle d'un fabricant de bottes, de briques, de moquette ou de peinture. Un regard en arrière nous montre Buffett, en 2000, au travail à l'intérieur de son cercle de compétence. Il a alors procédé à l'acquisition de Justin Industries, fabricant leader de bottes de cowboy, et d'Acme, un fabricant de briques texan.

Des « briques » ? Qu'ont-elles donc de si intéressant ? Elles ont un intérêt, explique Buffett, dès lors que vous misez sur la bonne entreprise. Lorsqu'on leur demande de citer une marque de briques, poursuit Buffett, trois Texans sur quatre citent Acme. Ce fabricant produit un milliard de briques par an, soit environ 12 % de toutes les briques produites annuellement sur le sol américain. L'année où il a racheté Acme, Buffett a également acquis (pour 1 milliard de dollars, cash) la société Benjamin Moore Paint Company, qui fabrique des peintures depuis 117 ans. Pour finir, il a également acheté 87 % de l'un des plus grands fabricants de moquettes au monde : Shaw Industries.

Des bottes, des briques, de la moquette et de la peinture, voilà qui peut paraître bien peu engageant. Toutefois, la capacité de ces entreprises à générer des profits est tout à fait enthousiasmante. Trois années après avoir été rachetées par Buffett, Acme Brick, Benjamin Moore Paint et Shaw Industries ont toutes enregistré des profits record. Quelle leçon en tirer ? Restez à l'intérieur de votre cercle de compétence. Agissez lorsque vous êtes en terrain connu. Ainsi, vous serez mieux à même d'agir rapidement et plus susceptible de frapper un grand coup. En adhérant strictement à ce principe, Buffett a fait progresser la valeur comptable par action de Berkshire Hathaway de 19,46 dollars en 1965 à plus de 50 000 dollars en 2005. Aucun autre investisseur n'arrive à la cheville d'un tel accomplissement.

En tant qu'investisseur, vous devez définir de manière précise votre propre cercle de compétence. Par extension, vous devrez également définir ce qui se trouve à l'extérieur de votre cercle de compétence. Introductions en Bourse (OPI), vente à découvert (VAD), organismes de placement collectif (OPC), contrats à terme, actions cotées en centimes d'euro, ou encore options : comprenez-vous bien ce dont il s'agit ? Êtes-vous en mesure d'évaluer proprement leur rentabilité future ? Si vous ne pouvez ni les comprendre ni les évaluer, cela signifie que ces instruments se trouvent à l'extérieur de votre cercle de compétence et que vous devez éviter de vous y aventurer.

Charlie Munger aime recourir à l'image des trois bannettes posées sur votre bureau et identifiées grâce aux trois étiquettes suivantes : « Entrant », « Sortant » et « Trop compliqué ». Munger affirme qu'aussi bien lui-même que Buffett déposent un vaste pourcentage de l'ensemble des opportunités de placement qui leur parviennent dans la bannette « Trop compliqué ».

Voici une idée à reprendre : à l'instar de Buffett, dressez une liste de critères et n'investissez que lorsque ces conditions sont réunies. Ne vous aventurez pas au-delà de votre cercle. Placez la plupart des opportunités dans la bannette « Trop compliqué », n'agissez que lorsque votre analyse vous paraît compétente, et n'hésitez pas à vous montrer énergique à l'intérieur de votre domaine de compétence.

Voici quelques règles à respecter à ce sujet lors de la construction d'un portefeuille d'investissements :

Notez par écrit les entreprises et les secteurs dans lesquels vous vous sentez le plus à l'aise. Cela vous aidera à définir votre cercle de compétence. Buffett ne s'aventure pas à l'extérieur de son cercle. Ne le faites pas non plus.

N'admettez aucune exception à la règle du cercle de compétence. Avant de tolérer ne serait-ce qu'une unique exception à la règle du cercle de compétence, réfléchissez un instant : pourquoi risquer votre argent dans des placements que vous n'êtes pas en mesure de comprendre ni d'évaluer ? Soyez rigoureux et respectez scrupuleusement cette règle.

Jouez sur votre terrain, pas sur celui d'un autre. L'exemple cité par Buffett concerne les contrats à terme sur le soja. Si une personne réalise de gros gains sur le marché du soja, c'est tant mieux pour elle, observe Buffett, car le soja ne fait pas partie de son terrain de jeu. Vous aussi, restez sur votre terrain.

▶ ***Si vous éliminez 90 % des entreprises car elles se situent en dehors de votre cercle de compétence, vous êtes susceptible de vous montrer un bien meilleur investisseur sur les 10 % restantes.***

Chapitre 18

Ignorez les prévisions boursières

Les prévisions à court terme concernant les cours des actions ou des obligations sont inutiles, selon Buffett. Elles vous en apprennent davantage sur le prévisionniste que sur l'avenir.

Benjamin Graham, l'auteur préféré de Buffett en matière d'investissement, a autrefois remarqué avec grand étonnement que de nombreux investisseurs professionnels – agents de change, conseils en investissement, conseillers financiers – paraissaient attribuer une place de choix aux prévisions boursières. Warren Buffett partage cet étonnement, ce qui prend chez lui des allures de mépris caractérisé. Il compare les prévisions à court terme concernant le marché à un « poison » et suggère qu'elles soient conservées hors de portée des gens qui approchent la Bourse comme s'ils étaient encore des enfants.

Buffett choisit de s'intéresser exclusivement aux résultats de l'entreprise et de ne pas se laisser distraire par de vastes tendances qu'il estime impossibles à prévoir avec la moindre exactitude. Lorsqu'il tombe sur un article qui prétend donner des explications sur l'avenir – même signé par un illustre économiste dans une publication réputée – il ne prend pas la peine de le lire. Pourquoi perdre son temps avec la voyance, demande-t-il de manière rhétorique, alors que ce temps pourrait être employé pour analyser une entreprise ?

Charlie Munger compare l'obsession des prévisions boursières à celle des anciennes techniques de divination. Les rois, explique-t-il, employaient des devins dont le rôle était d'interpréter les entrailles des animaux sacrifiés. Les prévisionnistes d'aujourd'hui, estime-t-il, ne valent guère mieux que ces sorciers « lisant » dans les boyaux de mouton.

Ainsi que nous l'avons vu, Buffett préfère passer son temps à examiner des éléments qui lui offrent une chance de mieux comprendre leur évolution. Une entreprise dans son cercle de compétence se prête à ce genre d'exercice. Pour Buffett, les marchés boursiers demeurent un « mystère » et ce dernier n'est pas près d'offrir des possibilités de prévision à qui que ce soit. De nouvelles prévisions ne cessent d'être annoncées, souvent associées à un nom très respectable. Cela n'a aucune importance : une grande partie du succès de Buffett est attribuable à son aptitude à ne pas se laisser distraire par ces prévisions.

Il s'agit d'une distraction qui freine l'action et trouble le jugement. Pourquoi ? En partie parce que ces prévisions créent l'illusion de la précision. Elles paraissent fondées sur des données, et leurs analyses paraissent se développer directement à partir des données. Tout faux, estime Buffett, en réalité, plus les prévisions ont l'air précises et plus vous devrez vous montrer sceptique. Encore une fois, le but est d'examiner des résultats avérés et non des projections et des prévisions. Ne laissez pas les pronostics vous éloigner de votre objectif, concentrez-vous sur ce qui compte réellement. Placez-vous au niveau de l'entreprise et non au niveau de la Bourse, utilisez votre temps pour analyser les résultats passés et présents d'une société, afin d'avoir une meilleure idée de son avenir. Soyez à l'affût d'une opportunité prometteuse sans permettre aux prévisions d'intervenir dans vos décisions.

Buffett a racheté National Indemnity en 1967, See's Candies en 1972, le quotidien *Buffalo News* en 1977, Nebraska Furniture Mart en 1983 et Scott Fetzer en 1986. Pourquoi ces dates-là ? Parce que c'est à ces périodes que ces sociétés sont devenues disponibles. Pourquoi ces entreprises-là ? Parce qu'elles étaient disponibles et qu'elles ont survécu à l'examen minutieux de Buffett, et parce que leur prix était le bon. Quelle part ont joué les tendances macroéconomiques, l'orientation de l'indice Dow Jones ou les discours du président de la FED dans les calculs effectués par Buffett ? Si vous l'écoutez – et il n'existe aucune raison objective pour ne pas le faire – la réponse est : aucune. Les prévisions sur l'avenir n'avaient tout simplement pas leur place au sein des variables utilisées par Buffett au moment où il a pris sa décision d'investir.

Certains investisseurs trouvent que les prévisions apportent un éclairage sur l'avenir. Les prévisions auraient donc la faculté de rendre les choses plus claires. Cela n'a aucun sens, proteste Buffett, l'avenir est toujours obscur. Espérer que le futur s'éclaircisse, moyennant l'utilisation de prévisions boursières ou d'autres outils du même acabit, pourrait signifier attendre pour toujours. Ne recherchez pas la certitude, recommande Buffett, investir consiste avant tout à agir une fois que vous avez identifié une bonne entreprise dotée d'un bon management. Ne laissez pas les devins vous paralyser. Identifiez la cible et décochez la flèche.

Et *ne vous laissez pas dominer par vos émotions*. Débordant de faits et de chiffres, les prévisions semblent être à l'opposé de l'émotion. Mais croire à 100 % dans ces faits et chiffres relève d'un schéma émotif. Restez dans le domaine de l'observable. Ne jouez pas au devin, formulez des jugements bien informés.

Pour résumer, voici trois conseils pour gérer les prévisions à la manière de Buffett :

Éliminez toute implication des prévisions dans vos décisions d'investissement. Buffett ne prête aucune attention aux prévisions boursières à court terme, n'en faites aucun cas vous non plus.

Utilisez le temps perdu à l'écoute de prévisions pour analyser l'historique d'une société. Nous aimerions tous savoir ce que nous réserve l'avenir mais c'est impossible. Personne ne possède une boule de cristal, et l'avenir demeure incertain. Concentrez-vous sur ce qui est connu et ne vous inquiétez pas de ce qui est inconnu.

Développez une stratégie d'investissement qui ne se fonde pas sur le mouvement général du marché. Souvenez-vous que Warren Buffett, le plus grand investisseur au monde, admet qu'il est incapable de formuler la plus petite prévision concernant l'évolution des marchés. Vous êtes très probablement dans le même cas. Privilégiez la construction d'un portefeuille caractérisé par de solides entreprises susceptibles de réussir, que la Bourse monte ou baisse.

- ***Plus la Bourse se montrera volatile ou spéculative, plus les gens se tourneront vers les prévisions cherchant une aide, mais c'est à ce moment-là que les prévisions auront le moins de chances de se concrétiser. Plus les prévisions prétendront être précises au sein d'un marché volatile, plus vous devrez vous montrer sceptique.***

Chapitre 19

Apprenez à connaître « M. Marché » et la « marge de sécurité »

Qu'est-ce qui définit le bon investisseur ?
Selon Warren Buffett, le bon investisseur est celui
qui associe de bonnes aptitudes d'évaluation des entreprises
à la capacité d'ignorer les amples balancements de la Bourse.
Lorsque les émotions commencent à prendre le dessus, conseille Buffett,
souvenez-vous du concept de « M. Marché », élaboré par Benjamin Graham,
et recherchez une « marge de sécurité ».

Lorsqu'il était étudiant à l'Université de Columbia, Warren Buffett a eu Benjamin Graham comme professeur. À ce propos, Buffett a été le seul parmi tous ses étudiants, pendant les 22 années où Graham a enseigné au sein de cette institution, à avoir obtenu un 20/20 de ce professeur exigent. Graham a enseigné à Buffett deux concepts très importants qui lui servent de guide encore aujourd'hui. L'un apparaît sous la métaphore de « M. Marché », et l'autre est la marge de sécurité obtenue grâce au prix d'achat.

Ces deux concepts, alliés à une approche des titres envisagés comme matérialisant une partie de la propriété d'une entreprise, forment les « rochers de Gibraltar » de Graham. Buffett estime qu'un investisseur qui comprend ces trois idées de base sera de taille à connaître le succès. Buffett a évoqué ces concepts lors du centième anniversaire de la naissance de Graham, affirmant qu'ils étaient toujours valables et susceptibles d'être tout aussi importants dans cent ans.

Mais qui est donc ce « M. Marché » inventé il y a déjà de nombreuses années par Benjamin Graham, le mentor de Buffett ?

Buffett décrit M. Marché comme un partenaire en affaires – affligé par des problèmes émotionnels incurables – qui apparaît chaque jour sans faute, et annonce le prix auquel il achètera ou vendra sa participation dans une société.

M. Marché, selon Buffett, est ce que l'on appelait autrefois un « maniaco-dépressif » et qu'aujourd'hui l'on nommerait une personne souffrant de « désordre bipolaire ». Ses troubles psychologiques se reflètent dans les prix qu'il annonce. Lorsqu'il se sent euphorique, il ne voit que le bon côté d'une entreprise et évalue ses titres à un prix élevé. En réalité, lorsqu'il traverse cette phase, il n'a aucune envie de vous vendre sa participation car il craint que vous n'acceptiez son prix, achetiez ses titres, et engrangiez tout le bénéfice d'une imminente hausse des cours.

Ensuite, il y a le côté sombre de M. Marché. Quand ça ne va pas, il ne voit que noirceur à l'extérieur comme à l'intérieur de l'entreprise. Quand il traverse cette phase, il a peur que vous ne vous débarrassiez de vos titres à ses dépens, et qu'il portera le chapeau en cas de spirale descendante imminente. C'est alors qu'il cherchera à vendre au rabais en espérant vous voir vous précipiter sur ses titres.

M. Marché est pour le moins tenace, observe Buffett. Il se présente tous les jours, bien ou mal luné. Il n'a pas l'air de s'en faire si vous l'ignorez. Invariablement, il revient le lendemain avec une proposition. Vous devrez simplement deviner quelle sera l'humeur de M. Marché et décider ce que vous allez en faire. Allez-vous l'ignorer ? En tirer parti ?

Encore une fois, quoi que vous fassiez, cela paraît lui être égal.

Mais l'astuce, poursuit Buffett en paraphrasant Graham, consiste à *ne jamais tomber sous son influence*. Cette influence peut être très forte parfois. La morosité nous fait l'effet d'une chape de plomb. Son euphorie nous grise. *Décodez l'humeur boursière*, recommande Buffett, et *réagissez de manière à la prendre en compte. Mais ne vous laissez pas submerger par cette humeur vous-même.*

Le « M. Marché » de Ben Graham propose une métaphore à laquelle chaque investisseur dans la valeur peut avoir recours pour comprendre le fonctionnement des cours de la Bourse. Elle contribue à apporter du sens au sein de la folie boursière. Et aussi à signaler et à souligner l'émergence d'une opportunité. En tant qu'investisseur, vous devez toujours être prêt à exploiter M. Marché lorsqu'il est déprimé et que les cours chutent. Cela indique que des entreprises de qualité sont mises dans le même sac que les autres, et que le moment est propice à l'opportunisme ambitieux, à la saisie d'une opportunité créée par l'absurdité du marché boursier, et à la réalisation d'un placement important en actions car vous êtes convaincu que leur valeur intrinsèque est supérieure à leur cours.

Lorsque le krach boursier de 1987 a provoqué la baisse du cours du titre Coca-Cola, Buffett a su tirer parti de la morosité de « M. Marché », qui imposait un prix artificiellement bas à une affaire dont Buffett connaissait la solidité. Il a racheté des actions Coca-Cola pour un montant d'1 milliard de dollars au prix moyen unitaire de 11 dollars. Il estimait que Coca-Cola était une excellente « franchise » et qu'à l'époque sa valeur intrinsèque était supérieure au prix de ses actions. Ainsi qu'il devait l'expliquer plus tard, il s'agissait de la marque la plus puissante au monde. Ses produits étaient relativement économiques et mondialement appréciés. La consommation par habitant tendait à progresser année après année dans le monde entier. Et voilà que M. Marché baissait ses prix sur cette action ? Fantastique, se dit Buffett, l'heure est venue de faire des emplettes. La situation était comparable à celle d'un magasin avant la fermeture définitive : tout est proposé à moins de 50 %, offrant une excellente opportunité de faire des achats de qualité à prix bradés.

Une fois que vous aurez ajouté M. Marché à votre schéma mental, vous devrez également comprendre l'importance de la « marge de sécurité », un autre des grands principes de Benjamin Graham. Dit simplement, pour qu'une « marge de sécurité » existe, le prix des actions devra être substantiellement inférieur à la valeur de l'entreprise. Une société dont le prix des actions et la valeur intrinsèque sont très proches ne nous intéresse pas. Vous devez rechercher un écart important entre ces deux chiffres, un « fossé » dirait Buffett. Encore une fois, vous êtes à la recherche d'un billet d'un dollar vendu 40 cents en Bourse. Buffett parle aussi de conduire un camion de 4,5 tonnes à travers un pont conçu pour supporter 15 tonnes, en d'autres termes accordez-vous une généreuse marge d'erreur.

Et c'est ici que l'irrationalité de M. Marché travaille en votre faveur. À un moment ou à un autre, il devient lugubre, provoquant la chute rapide des cours. Cela vous offre l'opportunité de vous constituer une marge de sécurité pour vos achats de titres. Ultérieurement, poursuit Buffett, le marché reconnaîtra la valeur de ces derniers, et leur prix montera. Tôt au tard, affirme un Buffett confiant, la valeur est prise en compte.

Encore une fois, ne permettez pas à l'humeur de M. Marché de vous affecter. Ne le laissez pas dicter la valeur des entreprises à votre place, avertit Buffett. Il est votre serviteur et non votre guide.

En établissant votre marge de sécurité, conseille Buffett, utilisez le concept de « valeur intrinsèque » comme point de départ. C'est la mesure qui compte vraiment. Elle cherche à établir la valeur actualisée des bénéfices que l'entreprise réalisera pendant le restant de sa durée de vie.

Buffett est le premier à l'admettre: il s'agit d'une estimation « hautement subjective ». Les flux de trésorerie futurs sont révisés à la hausse comme à la baisse, et la valeur intrinsèque suit le mouvement. La variabilité des taux d'intérêt affecte également tout calcul de la valeur intrinsèque. Toutefois, selon Buffett, celle-ci demeure le point de départ le plus utile pour constater la relative attractivité d'un investissement par rapport un autre.

Il existe encore une autre raison pour laquelle Buffett privilégie les entreprises faciles à comprendre: il peut examiner leurs résultats, le flux de trésorerie et le capital nécessaire à leur fonctionnement, et il peut utiliser ces informations pour analyser leur valeur intrinsèque. Il peut ensuite constater une éventuelle disparité importante entre le cours et la valeur.

Quel est votre objectif? Faire comme Buf fett et tirer profit des erreurs commises par M. Marché lorsqu'il assigne un prix bas à des entreprises qui valent bien plus. Lorsque la morosité de M. Marché crée une marge de sécurité, il est temps d'agir.

Assurez-vous de bien comprendre les concepts de M. Marché et de la marge de sécurité utilisés par Buffett. Ils vous permettront d'acquérir une mentalité facilitant la prise de meilleures décisions d'investissement.

Écoutez les analogies de Buffett. Ce dernier a déclaré que, tout comme le ciel, le marché aide ceux qui s'aident eux-mêmes. Mais, ajoute-t-il aussitôt, le marché ne pardonne pas à ceux qui « ne savent pas ce qu'ils font ».

Prenez votre temps, et attendez que M. Marché soit déprimé et provoque une baisse des cours des titres capable de créer une opportunité d'achat accompagnée d'une marge de sécurité. De nouveau, la recommandation de Buffett en matière de patience et de discipline est très claire. Si vous êtes capable d'atteindre ce niveau de discipline, vous serez récompensé.

▶ ***Certains déplorent la volatilité des marchés. Ce n'est pas le cas de Buffett. Pour lui, cette volatilité – les formidables sautes d'humeur de M. Marché – est ce qui crée des opportunités pour des investisseurs futés. Attendez que les autres se mettent à réagir sottement, et ensuite agissez judicieusement.***

Chapitre 20

Soyez craintif lorsque les autres sont avides et avide lorsque les autres sont craintifs

Vous pouvez prédire de manière certaine
que les autres se montreront avides, craintifs ou sots, affirme Buffett.
Mais vous ne pouvez pas prédire quand ni dans quel ordre.

La Bourse sera toujours influencée par des épidémies périodiques provoquées par deux puissantes émotions: l'avidité et la peur. «Je peux calculer le mouvement des corps célestes mais pas la folie des hommes» a dit Isaac Newton. Warren Buffett exploite souvent les manifestations de ces émotions très contagieuses, en se comportant de manière opposée au sentiment dominant.

Lorsque la majorité des investisseurs se montre avide, Buffett se montre craintif (ou du moins extrêmement prudent). Si la plupart des investisseurs exprime sa peur, voilà que Buffett sera gagné par l'«avidité» (ou du moins par une fièvre acheteuse inhabituelle). En suivant cette stratégie,

Buffett a gagné beaucoup d'argent, au moment où d'autres connaissaient un certain nombre de déboires.

En 1960, la Bourse connut une accélération sans précédent, avec une hausse vertigineuse des cours et des volumes échangés. Un enthousiasme boursier se communiqua à la plupart des investisseurs qui contribuèrent fortement à la tendance haussière. En d'autres termes, au moment où la montgolfière était pratiquement gonflée à bloc, certaines personnes continuèrent de l'alimenter en air chaud. C'est dans cette « phase lunaire » – celle de la surchauffe avide – que Buffett prend confortablement une place sur le banc de touche.

Il ne réalise pas de placements au moment où les cours des titres connaissent une hausse irrationnelle et sont visiblement déconnectés de la vraie valeur de l'entreprise sous-jacente. En d'autres termes, dans les situations où les cours échappent à l'attraction gravitationnelle des résultats réels de l'entreprise.

De manière prévisible, le marché haussier des années 60 connut un brusque retour de bâton. Constatant la chute de la Bourse, la vaste masse des investisseurs prit peur, comme à son habitude après une période euphorique irrationnelle. Plutôt que d'acheter, les investisseurs revendirent leurs titres au rabais, provoquant une baisse inexorable des cours. Ils mirent tout simplement un terme à leurs investissements.

Au début des années 70, le marché a traversé une phase baissière caractérisée. N'écoutant que leur peur, les actionnaires vendirent leurs titres. En 1973-1974, l'économie entra en récession, la morosité s'empara de tous et l'indice Dow Jones plongea sous les 700 points. Arrivé à ce point de votre lecture, vous aurez probablement deviné quel événement corollaire se produisit en cette même période… Eh oui, Buffett se mit à acheter. En fait, il acheta même à tour de bras. C'est à ce moment-là, par exemple, qu'il a réalisé un placement devenu légendaire : celui du *Washington Post*.

Malheureusement, ainsi que Buffett a pu le constater, les sautes d'humeur irrationnelles – de l'euphorie à la tristesse et retour à la case départ – ne sont pas une caractéristique des seuls investisseurs naïfs. Les professionnels, gestionnaires de fonds de pension inclus, y sont tout aussi sujets. Lors du pic boursier de 1971, remarquait Buffett, les fonds de pension consacraient tout leur encours disponible aux marchés d'actions.

Trois ans plus tard seulement, suite à la désaffection qu'avaient connue les actions, leurs gestionnaires n'investissaient plus qu'un dollar sur cinq en actions. Ils n'avaient rien compris, conclut Buffett, se laissant dominer ainsi d'abord par l'ivresse puis par la peur que d'autres leur avaient communiquées. Ils n'ont pas tiré profit des prix bas mais acheté des actions au prix fort avant de les vendre après que leur prix eut chuté.

Buffett, bien entendu, a adopté un comportement diamétralement opposé. Il a réalisé un grand nombre d'investissements au moment où la Bourse proposait des sociétés de qualité à des prix sacrifiés. Il a tiré parti des titres au rabais d'excellentes entreprises.

Par ailleurs, nous avons également constaté le comportement craintif de Buffett lors du boom de l'Internet alors que tous les autres investisseurs, pris d'avidité frénétique, s'arrachaient les valeurs technologiques. Buffett n'a pas perdu le moindre dollar, tandis que des millions d'Américains ont perdu jusqu'à leur chemise dans les titres Internet. Des périodes de peur et d'avidité se succèderont par intervalles et ces émotions se propageront au sein de la communauté des investisseurs. Vous devrez vous comporter exactement comme Buffett dans ces situations et tirer parti de ces émotions.

Voici quelques règles à respecter lorsque vous définirez votre stratégie d'investissement consistant à « avoir un comportement craintif lorsque les autres se montrent avides » :

Achetez lorsque les autres vendent et vendez lorsque les autres achètent. Préparez-vous à vous montrer craintif au moment où la plupart des investisseurs sont animés par l'avidité. Les titres ne sont jamais aussi intéressants, dit Buffett, que lorsqu'ils n'intéressent personne ou presque. Cela est vrai pour de nombreux marchés – le marché de l'immobilier commercial étant un autre exemple – mais particulièrement frappant dans le cas de la Bourse, où les mouvements de masse des investisseurs sont si faciles à détecter. En réalité, étant donné la couverture omniprésente de l'actualité financière aujourd'hui, il est impossible d'ignorer ce que fait la masse. Lorsque la masse des investisseurs a peur, elle n'est pas intéressée par l'achat de titres. C'est alors que vous devez vous montrer motivé. Bien entendu, suivez l'autre conseil de Buffett également et n'investissez pas à l'aveuglette ni sans réfléchir. Faites-le uniquement lorsque le placement en question satisfait l'ensemble de vos critères de sélection.

Soyez réactif lorsque l'opportunité se présente. Lorsqu'en 1974, l'indice Dow Jones s'est écroulé jusqu'à toucher les 580 points, Buffett compare son attitude d'alors à celle d'un homme « doté d'un grand appétit sexuel débarquant dans un lupanar ». Soyez prêt à agir rapidement et courageusement lorsque la peur s'installe et que les cours boursiers chutent.

▶ ***Que se passera-t-il demain ? Le marché sera-t-il dans une tendance haussière, baissière, ou neutre ? Aux yeux de Warren Buffett, ces questions sont inintéressantes. Sauf, bien entendu, dans la limite où ces « maladies contagieuses » que sont la peur et l'avidité, affectent ses propres perspectives de placement, aussi bien en provoquant la chute des cours et en créant des opportunités (dans le cas de la peur) ou en alimentant la hausse des cours et en supprimant des opportunités (avidité). Lorsqu'une opportunité se présente, Buffett se tient prêt à agir. Lorsque l'avidité règne, il s'installe sur le banc de touche.***

Chapitre 21
Lisez, lisez encore, puis réfléchissez

À quoi Warren Buffett, investisseur n° 1 au monde, passe-t-il son temps ? Selon ses estimations, il passe six heures par jour à lire et une ou deux heures au téléphone. Le reste du temps, il... réfléchit.

Comme la plupart des grands penseurs, Warren Buffett est un lecteur vorace. Il dévore le *Financial Times*, le *Wall Street Journal*, le *New York Times* et des magazines financiers tels que *Fortune*. Parfois, il s'agit d'une lecture générale destinée à s'informer, mais très souvent elle vise à recueillir des informations sur une société qui l'intéresse. Lorsqu'une société occupe ses pensées, Warren Buffett se met à lire tout ce qui lui tombe sous la main concernant cette société et ses activités.

En particulier, il parcourt sans répit des rapports annuels. Lorsque Buffett s'intéresse à une entreprise, il a pour habitude d'acheter quelques actions des sociétés concurrentes de manière à recevoir leurs rapports annuels. Ici aussi, il s'agit d'une lecture de type général, mais elle est faite dans un but précis. Une lecture exhaustive offre à Buffett les données et les idées qui alimentent sa réflexion indépendante et son raisonnement. Il n'est pas excessif de dire que les lectures de Buffett – alliées à sa réflexion, cela va de soi – ont été les fondements de ses succès.

Buffett conseille à tous la lecture de son livre préféré sur l'investissement : *L'investisseur intelligent* de Benjamin Graham, en raison notamment du cadre intellectuel qu'il expose. Il conseille d'accorder une attention toute particulière au chapitre 8 (« L'investisseur et les fluctuations des marchés ») et au chapitre 20 (« La marge de sécurité »). *Actions ordinaires et profits extraordinaires*, le livre de Philip Fisher, mérite également le détour. Et aucune bibliothèque ne serait complète sans *Security Analysis* de Benjamin Graham et David Dodd, publié pour la première fois en 1934.

Un adepte du *value investing* devrait lire tout ce qu'il peut trouver sur Warren Buffett et Charlie Munger. Sur le site Internet BerkshireHathaway.com, accessible au public, figurent toutes les lettres adressées par Buffett aux actionnaires et les rapports annuels de l'entreprise depuis 1977. Ces documents forment une véritable mine d'or d'informations et de sagesse pour tout investisseur potentiel et représentent une lecture incontournable.

Aussi, la toute première règle consiste à lire, un peu, beaucoup, passionnément… Toutefois, la deuxième règle est de vous montrer sélectif dans vos lectures. Désormais, vous devriez avoir une idée des types de documents dont la lecture est pertinente dans le cadre du *value investing* et, inversement, de ceux qui sont absolument inutiles. Les journées ne sont pas infinies et vous ne disposez que de quelques heures, au mieux, à consacrer à la lecture, avant que vos yeux ne se fatiguent. Ne gaspillez pas ce temps précieux en vous perdant dans les prévisions boursières, les pronostics, ou les théories basées sur des formules.

Un exemple ? L'une des théories que Buffett rejette avec vigueur est celle de « marchés efficients ». Souvent avancée par les professeurs des meilleures écoles de gestion, cette théorie soutient que les marchés sont complètement efficients. En d'autres termes, à chaque titre correspond le bon cours, car les poussées et les tractions de la Bourse ont conduit à cet état de grâce et de sagesse. Si cela est vrai, alors l'analyse des entreprises est un gaspillage de temps car, soit vous obtenez la « bonne » évaluation – celle du marché – soit vous vous retrouvez avec une évaluation différente qui serait, par définition, mauvaise.

Buffett a été le témoin amusé du passage progressif de cette théorie, des cercles universitaires à ceux de la Bourse. Un temps la marotte de seulement quelques professeurs de finance très en vue, la théorie des marchés efficients devint rapidement le mantra des professionnels de l'investissement comme des cadres d'entreprise. « Les cours des titres prennent en compte l'ensemble des informations disponibles, ont-ils soutenu plus ou moins à l'unisson, par conséquent il n'est pas nécessaire d'approfondir davantage. »

Pour aussi choquante que la théorie des marchés efficients ait pu paraître aux yeux de Buffett, elle n'en était pas moins la source d'un grand atout concurrentiel. Choisir des titres est un exercice de nature intellectuelle, observe Buffett, comme les échecs ou le bridge. C'est extrêmement confortable, poursuit Buffett, d'avoir en face de vous, de l'autre côté de l'échiquier, quelqu'un qui ne croit pas aux vertus de la réflexion pendant le jeu.

Cela pourra vous sembler beaucoup de bruit pour rien, mais il en a été tout autrement. En 1973, nombreux étaient les investisseurs institutionnels qui adhéraient strictement à la théorie des marchés efficients. Par conséquent, peu d'entre eux s'intéressèrent à l'achat des actions de la Washington Post Company, qui étaient à l'époque à leur niveau le plus bas. Les titres de la société avaient, selon les adeptes de la théorie, la place qu'ils méritaient et leur achat n'en valait pas la peine. N'oubliant jamais sa formation de jeunesse auprès de Benjamin Graham, Buffett fut le premier sur les rangs, et il ne tarda pas à prouver aux tenants de la théorie des marchés efficients qu'ils s'étaient fourvoyés.

Rétrospectivement, le fossé entre l'évaluation boursière et la valeur intrinsèque était facilement visible. À l'époque, la Bourse évaluait la Washington Post Company à environ 100 millions de dollars. Buffett lui trouva une valeur intrinsèque comprise entre 400 et 500 millions de dollars et… fondit littéralement sur ses actions.

Quelle leçon en tirer ? Au moment où les lectures des autres penseurs avaient pour thème la théorie des marchés efficients, Buffett relisait Graham, sans parler de tout ce qui lui tombait sous la main et concernait la société détentrice du *Washington Post* et son secteur. Les résultats parlent d'eux-mêmes. Lisez en permanence, mais lisez des documents qui apporteront une information – et non une déformation – à votre approche globale de l'investissement. Ne vous inquiétez pas de la dernière mode intellectuelle qui, échappée des bancs des écoles de gestion, s'efforce de conquérir une place sur le marché de la crédulité. (Souvenez-vous des instincts grégaires !) Occupez-vous de créer de la valeur, ce qui, dans de nombreux cas, commence par de saines habitudes de lecture.

Prenez l'habitude de lire. Buffett et Munger sont des lecteurs enthousiastes, et ils apprennent majoritairement à travers les livres, les périodiques, les rapports annuels, les rapports trimestriels et autres publications spécialisées. Alimentez votre réflexion en lisant davantage.

Lisez les lettres et les rapports annuels de Buffett. On ne vous le répétera jamais assez. Un des maîtres reconnus du monde de l'investissement publie sa réflexion sur Internet afin que chacun puisse en prendre connaissance. Vous cherchez à reproduire ses succès, alors pourquoi ne pas commencer par là ? Les détails sont bien évidemment précieux. Encore plus appréciable, ces documents offrent l'occasion de voir son « fonctionnement intellectuel » à l'œuvre d'une manière concrète. Étudiez les lettres et les rapports annuels de Buffett. Ils vous permettront d'acquérir de saines habitudes intellectuelles.

Réservez vos moments de lecture exclusivement à ce qui en vaut la peine. Lisez Buffett et Graham et oubliez ceux qui racontent n'importe quoi. Fuyez tout ce qui se rapproche de la théorie des marchés efficients ou d'autres « disciplines » similaires. Cela ne servirait qu'à vous distraire de la véritable tâche en cours.

▶ ***Buffett estime que – contrairement à certains secteurs – celui de l'investissement forme un domaine où le savoir s'accumule, ne demandant qu'à se dévoiler à celui qui est prêt à creuser un peu. Son conseil : « Creusez ! » Dans la plupart des cas, cela se traduit de la manière suivante : « Lisez ! ».***

Chapitre 22
Utilisez toute la puissance de votre moteur

Quelle est la puissance de votre moteur,
et avec quelle efficacité le faites-vous tourner ?
Warren Buffett note que beaucoup de gens
disposent de moteurs de 400 chevaux
dont le rendement est équivalent à…
celui d'un moteur de 100 chevaux !
En d'autres termes, des gens intelligents
se laissent distraire de la tâche en cours
et agissent de façon irrationnelle. Celui qui fait
tourner à plein régime les 200 chevaux de son moteur,
affirme Buffett, est alors bien mieux parti.

Warren Buffett croit fermement en l'importance des bonnes habitudes. Les habitudes déterminent le comportement, et les bonnes habitudes caractérisent les bons comportements.

Buffett suggère que nous fassions un exercice permettant de vérifier l'efficacité – le « rendement » – de nos propres habitudes et comportements. Dressez la liste des qualités d'une personne que vous admirez profondément, conseille Buffett, avant d'établir celle d'une personne qui est loin de susciter votre admiration (ne vous servez pas de vous-même comme l'un des deux exemples de l'exercice). Examinez les deux listes. Où résident leurs différences ? Ne diffèrent-elles que dans les détails, ou pouvez-vous identifier des schémas de comportement ?

Ensuite, poursuit Buffett, efforcez-vous d'acquérir les qualités de la personne que vous admirez le plus. Pourquoi ? Parce que lorsque les caractéristiques la définissant sont mises en pratique de façon régulière, elles deviennent vos habitudes à vous. De la même manière, cessez de reproduire les défauts de la personne que vous n'admirez pas. Ainsi, dans une vingtaine d'années, lorsque vous jetterez un regard sur votre passé, vous constaterez l'illustration d'un ensemble de bonnes habitudes et des comportements qui leur sont associés, et l'abandon des mauvaises habitudes.

Développez des habitudes positives. Évitez et effacez les mauvaises. Quel en sera le résultat, d'après Buffett ? Une corrélation bien plus directe entre vos « chevaux vapeur » et votre rendement.

Si vous êtes à la recherche d'un modèle positif, vous ne risquez pas de beaucoup vous tromper en prenant exemple sur Buffett lui-même. Son père lui a inculqué les principes les plus stricts en matière d'intégrité et d'éthique. Sous la houlette de Buffett, Berkshire Hathaway s'acquitte de millions de dollars d'impôts auprès du gouvernement américain et n'est présent dans aucun paradis fiscal.

Par contraste, Enron avait créé 881 filiales offshore, dont 692 aux îles Caïman, afin de se soustraire au paiement de taxes. Buffett est la preuve qu'un excellent comportement peut harmonieusement cohabiter avec d'excellents profits. Les sociétés de type Enron, Adelphia ou Tycos, partout dans le monde, nous rappellent avec quelle rapidité une conduite malhonnête et immorale risque de conduire à la débâcle financière.

On a beaucoup écrit sur Buffett. Il ne devrait pas être difficile de dresser une longue liste composée d'habitudes et de comportements que vous souhaiteriez reproduire (et n'oubliez pas de croquer le portrait de ce personnage complémentaire – celui que vous ne voudriez jamais imiter !). Peu importe qui vous aurez choisi comme modèle positif, dressez une liste aussi longue que possible des caractéristiques que vous aimeriez posséder.

Voici quelques questions que vous pouvez vous poser afin de vous assurer que vous n'êtes pas en train de saboter votre stratégie d'investissement :

1. Faites-vous un travail de préparation suffisant et examinez-vous avec attention les entreprises avant d'acquérir leurs titres ?
2. Vous contentez-vous de contrôler vos actions uniquement de façon périodique afin d'éviter les « interférences » quotidiennes et les « experts médiatiques » ?
3. Faites-vous la sourde oreille aux tuyaux « en or », quelle que soit leur source ?
4. Vous refusez-vous à suivre le troupeau, prenant au contraire vos propres décisions (fondées sur votre réflexion indépendante) ?
5. Faites-vous preuve de patience en attendant calmement que les sociétés développent leur valeur intrinsèque ?
6. Vous abstenez-vous d'investir dans des sociétés, des activités ou des secteurs qui échappent à votre compréhension ?
7. Achetez-vous lorsque les autres sont apeurés, et vendez-vous lorsqu'ils se montrent avides ?
8. Réservez-vous vos placements à un nombre restreint de sociétés, afin de ne pas diluer vos gains potentiels ?
9. Respectez-vous les règles de M. Marché et la marge de sécurité ?
10. Lisez-vous les journaux et les magazines financiers de manière régulière ?

Si vous avez répondu positivement à un minimum de huit questions, considérez-vous comme un véritable adepte et « protégé » de Buffett. Plus important encore, vous êtes sur la bonne voie pour connaître vos propres succès d'investisseur.

Si vous avez répondu positivement à un nombre de questions compris entre 5 et 7, ce n'est pas mal du tout. Vous mettez déjà en œuvre une bonne partie de la doctrine Buffett, mais il vous reste encore des choses à améliorer.

Si vous avez répondu positivement à un nombre de questions inférieur ou égal à quatre, vous avez encore du pain sur la planche. Surtout ne vous découragez pas. Ainsi que Buffett aime à le répéter, vous pouvez dès aujourd'hui mettre en place les bonnes habitudes qui seront encore les vôtres dans 20 ans.

Assurez-vous de bien choisir vos modèles positifs. Dites-moi quels sont les héros d'une personne et je vous dirai de quel type de personne il s'agit et dans quelle direction elle va. Et vous, qui sont vos héros ? Leurs qualités sont-elles devenues vos habitudes ?

Efforcez-vous de faire preuve d'un comportement rationnel, d'un tempérament adéquat et de bonnes habitudes. Certains experts soutiennent qu'en 21 jours seulement, une pratique répétitive se transforme en habitude. Pourquoi ne pas investir trois semaines afin de voir par vous-même s'ils ont tort ou raison ? Vous n'avez rien à y perdre » en dehors de vos mauvaises habitudes bien sûr » et tout à y gagner.

Dressez la liste des habitudes, pratiques et comportements que vous aimeriez maîtriser. Puis mettez en place un suivi : un jour ou l'autre, elles seront devenues les vôtres.

► ***Le succès financier consiste à « posséder les bonnes habitudes ».***

Chapitre 23
Évitez les erreurs coûteuses des autres

Ami et associé de Buffett,
Charlie Munger s'appuie fortement
sur l'examen des erreurs de manière
à pouvoir les éviter à l'avenir.

Il est primordial d'étudier les erreurs commises par les autres investisseurs de manière à ne pas les reproduire soi-même. Malheureusement, il n'y a pas meilleure documentation, illustrant les erreurs à ne pas commettre, que la démarche récemment adoptée par les nouveaux retraités dans la gestion de leurs portefeuilles boursiers...

Prenons l'exemple d'une futur retraite qui, vers la fin des années 1990, disposait de 385 000 dollars sur son compte épargne retraite. À cette époque, il se rend à un séminaire sur le thème de la retraite où il écoute la communication d'un courtier qui conseille aux participants d'accepter les dispositifs de retraite anticipée mis en place par leur entreprise et de lui confier les sommes qu'ils percevront à cette occasion afin qu'il les investisse dans un portefeuille de sa propre construction.

Comme notre futur retraité, tous les participants sont assurés qu'ils vont ainsi pouvoir jouir d'une retraite confortable grâce aux plus-values dégagées sur les placements, qu'ils vont même devenir millionnaires en quelques années. Le courtier procède donc au placement de l'argent de ce retraité dans des actions du secteur technologique, de la santé, des services financiers et dans des fonds « high load »[1].

Lorsque la valeur de son portefeuille perdit près de 100 000 dollars, notre retraité n'eut pas d'autre choix que de retourner au travail. Tous ses espoirs et rêves d'une retraire sereine s'envolèrent en fumée, temporairement du moins.

Considérez encore le cas de la malheureuse retraitée qui investit 410 000 dollars – les économies de toute une vie – auprès d'un courtier lui ayant fait miroiter une rente mensuelle de 3 000 dollars pendant toute la durée de sa retraite et cela grâce à des gains en Bourse. L'agent plaça l'essentiel de l'argent de la retraitée malchanceuse en actions Internet, technologiques et en OPCVM. Dans le sillage de la « ruine » du trader, la valeur du portefeuille de la dame plongea jusqu'à ne plus valoir qu'un dérisoire montant de 38 000 dollars.

Il circule des milliers d'histoires de travailleurs acharnés qui ont passé 25 ans de leur vie à trimer pour épargner en vue de leur retraite, et voir au final leurs économies se volatiliser en raison de mauvaises décisions d'investissement.

Un grand nombre de ces retraités estimaient ne rien connaître de la Bourse et être incapables de gérer leur propre argent en se lançant dans des placements. Confier ces derniers à un « professionnel » leur semblait être la meilleure idée.

Appâtés par le baratin commercial des brokers et leurs promesses sans lendemain, ils sont devenus les victimes de placements douteux basés sur l'hyperactivité, les commissions généreuses, le « market timing » et les entreprises de qualité médiocre.

1 Fonds dont l'émission et le retrait de parts sont soumis à des commissions élevées.

Toutes ces histoires se sont déroulées sous les auspices de la « gestion professionnelle de l'argent ».

La leçon essentielle à tirer de ces épisodes est l'importance de la pratique d'un investissement intelligent. Une solide compréhension des fondamentaux de l'investissement» dont un grand nombre vous a été présenté à travers ce livre» offre la meilleure protection contre les procédés financiers douteux et leurs sirènes.

La plupart d'entre nous sommes, à un moment ou à un autre, attirés par les boniments commerciaux promettant monts et merveilles, les formules supposées nous dévoiler les arcanes de la Bourse, et les invitations à investir dans des entreprises qui n'ont pas fait leurs preuves. Lisez l'« attaque » du communiqué suivant : « Investir dans ces titres aujourd'hui pourrait représenter l'occasion de gagner des plus-values substantielles. Imaginez ce qui aurait pu se produire si vous aviez investi dans Exxon-Mobil ou l'une des compagnies énergétiques majeures lorsqu'elles en étaient encore à leurs balbutiements ! »

Voyez-vous les nuances introduites par les termes « pourrait » et « imaginez » ? Vous devez être armé d'une bonne dose d'expérience – et de discipline aussi – pour ignorer les séduisants discours commerciaux qui jouent sur vos émotions (et prennent grand soin d'éviter de s'engager sur des promesses concrètes). Vous devez suivre les fondamentaux de l'investissement intelligent épousés et pratiqués par Warren Buffett. En procédant de cette façon, vous mettez de votre côté toutes les chances de voir vos placements croître et prospérer plutôt que de dépérir.

Charlie Munger affirme que : « Des avantages énormes attendent l'individu qui réalise un petit nombre d'investissements de qualité avant de se caler dans son fauteuil et d'attendre. Il paie moins de commissions de courtage. Il perd moins de temps à écouter des balivernes. » N'oubliez jamais qu'il y aura toujours une part d'irrationalité qui règnera à Wall Street, occupez-vous strictement de ce qui a du sens.

Pour finir, faites très attention aux coûts associés à vos placements. De nos jours, il existe quasiment des centaines de fonds « no load » (sans frais d'acquisition), et les opérations sur actions sont pratiquement devenues un service courant. Alors, il n'y a réellement aucune raison de payer des commissions pénalisantes pour vos opérations sur les parts de fonds ou les actions.

Les coûts cachés liés à de nombreux types d'investissements réduiront vos bénéfices à néant. Soyez un investisseur averti en posant les bonnes questions et en examinant les coûts.

Les coûts cachés et les commissions associés à de nombreux types d'investissement privent les investisseurs de leur capacité à gagner de l'argent sur le long cours. Certains fonds, par exemple, prélèvent des frais d'entrée supérieurs à 6 %. Cela signifie que si vous achetez des parts de ce fonds, vous devrez attendre que leur valeur augmente de 6 % avant de pouvoir rentrer dans vos frais, sans parler de commencer à gagner de l'argent. Évitez ces types de placements en optant pour des fonds sans frais d'entrée.

Veillez à ne pas vous engager sur les propositions du mauvais type de « conseiller » en placements. Prenez en considération les conseils suivants qui vous aideront à ne pas devenir la victime de types de procédés qui ont principalement pour but de séparer les investisseurs de leur argent :

Si cela a l'air trop beau pour être vrai, il est très probable que cela le soit véritablement. Méfiez-vous des promesses de richesse immédiate et de profits mirobolants. Elles s'accompagnent la plupart du temps de risques stratosphériques. Tout aussi négativement, elles incluent presque toujours de généreuses commissions destinées à la personne qui vous vend cet investissement « à ne pas rater ».

Impliquez-vous activement dans votre prise de décision et ne renoncez jamais au contrôle de votre portefeuille. Au lieu d'écouter les faux prophètes, prenez vos propres décisions en vous basant sur votre propre degré de tolérance au risque. Pour cela, respectez les règles et les principes soulignés tout au long de cet ouvrage.

Examinez à chaque fois les coûts. Souvenez-vous que celui qui tente de vous vendre quelque chose est à la recherche d'une généreuse commission à prélever sur votre argent si durement acquis. Posez toujours des questions sur les coûts, lisez les prospectus, et apprenez tout ce que vous pouvez sur les coûts liés à tout investissement. Et, si vous faites encore partie de ceux qui paient cent dollars par transaction boursière, il serait temps pour vous d'ouvrir un compte en ligne avec un broker exécutant des opérations de Bourse à des tarifs meilleur marché. Étant donné que vous prendrez vos propres décisions d'investissement, vous n'aurez aucune raison de payer des commissions élevées à un courtier.

▶ ***Tirez parti des erreurs d'autrui, conseille Buffett. Vous n'avez aucune raison de revivre les épisodes malheureux que d'autres ont traversé avant vous.***

Chapitre 24
Devenez un investisseur intelligent

Buffett estime que Benjamin Graham incarnait l'« investissement intelligent », aux antipodes de l'investissement « coup d'éclat », tendance ou à la mode. Et la cerise sur le gâteau est que l'investissement tel qu'il le pratiquait non seulement peut vous rendre riche si vous n'êtes pas trop pressé, mais mieux encore, il ne vous appauvrira jamais.

Par ses mots et ses actions, Warren Buffett a posé les jalons d'un parcours destiné à être suivi par d'autres investisseurs. En suivant les conseils de Buffett, l'investisseur moyen peut mettre en œuvre un investissement intelligent et obtenir les résultats recherchés, sans dépendre des services d'un professionnel.

Passons en revue les fondamentaux de Buffett. Il aime que les choses restent simples et faciles. Il évite la complexité et la difficulté. Il ne faillit pas à la règle qui consiste à investir dans ce qu'il comprend, à l'exclusion de tout le reste. Il ne réalise jamais de placements situés en dehors de son cercle de compétence.

Il respecte une discipline stricte qui consiste à ne chercher à frapper que les balles qui sont dans la zone « optimale ». Il rejette l'hyperactivité et recommande au contraire des longs intervalles d'inactivité. L'idée d'une vingtaine de décisions au total prises au cours d'une vie lui semble tout à fait acceptable. Pour lui, maîtriser l'art de ne rien faire fait partie du jeu.

L'« approche Buffett » de l'investissement n'est pas une méthode pour s'enrichir du jour au lendemain. C'est au contraire un programme pour s'enrichir lentement. Il faut du temps pour que le gland se transforme en chêne.

Avoir le bon tempérament est crucial. Plus précisément, un investisseur doit toujours raison garder, dans les bons comme dans les mauvais moments. Il doit conserver – contre vents et marées – les titres qu'il possède dans des entreprises de qualité disposant d'une équipe de direction compétente. Un investisseur doit toujours garder un œil sur l'entreprise, son management, et sa valeur intrinsèque.

Une action est une partie d'une entreprise, et la performance de l'entreprise finit toujours par rejaillir sur la performance du cours de l'action. Rappelez-vous que vous êtes à la recherche de titres émanant de sociétés dirigées par des responsables compétents, ayant le sens de l'éthique et pour lesquels l'intérêt de l'actionnaire est primordial.

Ne diversifiez pas à l'excès votre portefeuille. Bien au contraire, cherchez à le « concentrer » dans des entreprises de grande qualité.

De fortes distractions se présenteront toujours aux investisseurs : une série interminable d'événements macroéconomiques, de changements dans l'économie, ou un flot incessant de prévisions boursières. Devenir un investisseur intelligent implique de devoir ignorer les distractions et de privilégier les entreprises sous-jacentes. Oubliez les téléscripteurs. Ce qui vous intéresse s'appelle « valeur », et non pas « cours ». Sauf, bien entendu, lorsqu'un plongeon des cours offre de nouvelles opportunités d'investissement en créant une marge de sécurité.

M. Marché vous aidera à comprendre la Bourse. Vous apprendrez à tirer parti de l'avidité et de la peur d'autrui : vous aurez peur lorsque les autres manifestent leur avidité, et vous serez avide lorsque les autres seront paralysés par la peur.

Vous constaterez que Wall Street est le théâtre d'une série de pratiques sans queue ni tête. Ainsi, certains investisseurs ne jurent que par les « charts », les graphiques boursiers et autres « outils » à court terme.

Le secret consiste à ne vous occuper ni des graphiques ni d'autres éléments qui ne concerneraient pas la valeur réelle d'une entreprise.

Ne cédez pas à leurs sirènes et soyez celui qui révèle (ou du moins constate) que le roi (de Wall Street) est nu. Évitez les entreprises « high-tech » au futur incertain et ciblez les sociétés « low tech », ces entreprises de type « franchises » entourées de douves profondes qui génèrent en permanence des revenus solides et une capacité d'autofinancement, tout en évitant d'avoir recours à de gros investissements en capital. Ce sont ces entreprises-là qui occuperont encore la scène d'ici une dizaine d'années.

Cultivez de bonnes habitudes de lecture, telles que celle d'un solide quotidien économique, et tenez-vous au courant de l'actualité des entreprises. Vous obtiendrez ainsi les données qui formeront la base d'une réflexion indépendante. La connaissance de ces données et la réflexion – et non pas les opinions d'autrui – détermineront si vous avez raison ou tort.

N'imitez pas les autres sans réfléchir. Développez les bonnes habitudes qui vous permettront d'utiliser toute la puissance de votre « moteur ». Ce sont ces principes solides qui se trouvent derrière la réussite de Buffett et qui, avec un peu de chance, feront la vôtre.

Pour devenir un investisseur intelligent, développez de bonnes habitudes d'investissement. Les habitudes d'investissement de Warren Buffett offrent un programme détaillé que d'autres investisseurs peuvent suivre afin d'améliorer leurs chances de réussite. Soyez attentif aux principes et habitudes de Buffett et vous deviendrez un meilleur investisseur.

Montrez-vous indifférent au brouhaha et soyez à la recherche de la vérité. La « vérité » des actions réside dans les fondamentaux. Elle n'est ni dans les graphiques, ni dans les prévisions et elle ne sort pas de la bouche des « experts » médiatiques officiant dans les médias spécialisés. Elle est dans les profits, l'atout concurrentiel, les marques durables, et ainsi de suite.

Pratiquez l'amélioration continue. Le secret de l'investissement consiste à s'améliorer avec le temps. Tirez parti des erreurs d'autrui comme des vôtres. Dressez la liste des choses que vous faites bien ainsi que celle des choses qui laissent à désirer. Efforcez-vous d'augmenter la première catégorie et de faire reculer la seconde.

▶ ***Il ne s'agit pas tant de résoudre les problèmes insurmontables d'une entreprise, explique Warren Buffett, que de les éviter dès le départ. Il s'agit d'identifier et de franchir des haies « d'un mètre de haut » plutôt que de développer les extraordinaires compétences qui permettraient d'enjamber des obstacles bien plus élevés.***

Lectures conseillées

Les rapports annuels de Warren Buffett sur BerkshireHathaway.com ont été une mine inépuisable d'informations tout au long de la rédaction de ce livre et représentent une lecture incontournable. Les livres suivants sont des sources d'information fantastiques sur Buffett et Berkshire Hathaway : « The Making of an American Capitalist » par Roger Lowenstein et « Of Permanent Value » par Andrew Kilpatrick.

Sanjeer Parsad constitue une autre excellente source d'informations sur Warren Buffett. Pour en savoir davantage, consultez le site Internet : groups.msn.com/BerkshireHathawayShareholders.

Chez le même éditeur

Mary Buffett & David Clark
Warren Buffett
ET L'INTERPRÉTATION DES ÉTATS FINANCIERS
2e ÉDITION
MAXIMA

Mary Buffett & Sean Seah
LES 7 SECRETS DE
Warren
Buffett
POUR DEVENIR
RICHE
MAXIMA

M81208 - (I) - AV 90° - SIR - CMU

DUPLIPRINT
733, rue Saint-Léonard, 53100 MAYENNE
N° 2995842N
Dépôt légal : février 2025

Imprimé en France